不動産投資リスク大全

村上幸生
Yukio
Murakami

SOGO HOREI PUBLISHING CO., LTD

はじめに　～不動産投資において大事なのは、あなたの「目的」

今や会社員でもできるようになった「不動産投資」

「自己資金０円から、５年で１億円の資産を作る！」
「現在の給与所得以上の収入を不動産で稼ぐ！」

このような元気のいいフレーズが書店でもウェブでも踊っています。

私が不動産の業界に入った１９９０年代前半、今ほど不動産投資は市民権を得てはいませんでした。富裕層以外には仕組みさえ知られておらず、ましてや今ほど融資をしてくれる金融機関も多くはありませんでした。

時は流れて２０１６年現在、不動産投資の認知度は急上昇し、メジャー級の投資法となりました。会社員でも当たり前のように取り組むことができるようになり、金融機関もこぞって収益不動産へ融資を行っています。

私自身もその間、収益不動産を核とする不動産管理会社を立ち上げ、９年が経とうとしています。

不動産投資に失敗する人の共通点

ただ、これほどの時間が経過してもなお、投資用不動産を購入した方からの「失敗した」という声がなくなることはありません。不動産管理会社の人間として、そうおっしゃる方を見ていると、ある共通点に気づきます。

それは、**声高に「失敗した」という方ほど、「購入すること」自体が目的となってしまっている**ということです。**購入してから先の「持ち続けること」を想像できていないのです。**

このことは、管理会社にとっては、大変な恐怖です。

不動産を「持ち続けること」に対する知識と意識が不足しているオーナーをビジネスパートナーとするのは、想像以上に困難なことだからです。同時に、そのしっぺ返しは必ずオーナー自身に返っていくものです。そんなオーナーが増え続けていけば、「失敗した」という声はもっともっと大きくなっていくでしょう。

「こういった声を少しでも減らすことはできないか……」

やがて私は、不動産売買の営業、管理、経営者、そして個人の不動産投資家として自身が経験してきたことを何かしらの形でお伝えしたい、と考えるようになりました。6年間、月に1回のペースで行っている当社セミナーも、そうした想いから形にしてきたものです。

そして今回、色々なタイミングが重なって、その経験や考えを一冊の本にまとめる機会をいただきました。

多くの書籍やセミナーでは「買い方」や「購入までの道筋」がとても丁寧に解説されています。対して、私が思う最も重要な2点は述べられていないことも多いと感じています。

それは、**「購入の目的」**と**「購入した後」**のことです。

不動産投資は「購入の目的」と「購入した後」が大事

読者のみなさんが不動産投資に求めている目的とはどのようなものなのか、そしてそれは不動産でしか叶わないものなのか。そのリターンは、リスクを許容してでも手に入れたいものなのか。

このように、購入の目的と動機をしっかり見つめていただきたいのです。

「5年後に不動産から年間200万円入るようにする」と目的を決めれば、そこに向かうのに適した不動産、金融機関、パートナーが自ずと定まります。

あとは、「持ち続けていく＝収益を出していく」ための知識と意識を持てるかどうかだけです。
「何となく不動産がいいって聞いたので……」「何かいい物件ありませんか？」では、数年後に「失敗した」、と口にすることになるはずです。

2016年現在、民泊や仲介取引のあり方をはじめ、不動産業界は多様な変化の過渡期にあります。ウェブ上でも新サービスが次々と打ち出され、不動産の情報はあふれ返っています。みなさん自身が目的と正確な知識を持っていなければ、思ってもいない方向へミスリードされかねません。

ですから、まずはご自身の目的を整理し、それに沿って自ら選び取る力を養っておく必要があると思うのです。

以上のような考えから、本書は事前学習、物件探し、購入時、保有中、売却時といった一連の動きに伴う「リスク」を中心として書き進めていきます。

仕入、売買、管理、果ては滞納者への督促まで経験してきた立場から、できるだけ広い視野で不動産投資をお伝えできればと思います。

本書がみなさんの味方となることを願って執筆させていただきます。

村上幸生

もくじ

第1章 知識と意識がないリスク ～不動産投資の基礎教養～

第2章 お金の知識がないリスク

～知っておきたいお金のこと～

第3章　人の意見に流されるリスク
〜情報収集時の護身術〜

第4章　物件の判断基準にまつわるリスク
〜物件の見分け方〜

第5章 購入時に知っておきたいリスク

～物件購入時のポイント～

第6章 オーナーになってからのリスク ～管理会社との付き合い方～

第7章　売却時に知っておきたいリスク
～売るときにも用心が必要～

ブックデザイン　土屋和泉
図表・ＤＴＰ　横内俊彦
白鳥美子
編集協力　長谷川悠介

第1章

知識と意識がないリスク

～不動産投資の基礎教養～

1 区分と一棟、どっちがいいですか？

～収益不動産の種類と強み・弱み～

どちらを対象とするかは目的によって大きく異なる

不動産投資は、どんなタイプの物件を購入するかによって、想定されるリスクとリターン、強みと弱みが異なります。

「一棟」というのは、文字通り一人のオーナーが土地・建物を丸ごと所有し、貸し出すことを言います。戸建、アパート、マンション、テナントビルなど、用途や規模はまち

図1　不動産投資の対象物件

	強み	弱み
区分マンション（投資用ワンルーム）	●収益用に開発されているため戸内の設備・仕様が簡素で修繕等のコストパフォーマンスに優れている ●ファミリータイプに比べ平米数が小さいため、維持費が安価 ●単身者向けのため、賃貸付けのスピードが早い	●空室になるとまったく家賃が入ってこなくなる **➡ローン返済が自己負担になる** ●競合物件が多く、相場の賃料競争に巻き込まれやすい ●入居者の入れ替わりが早い ●管理組合が形骸化しており、建物の維持管理の意識が低くなりがち
区分マンション（ファミリータイプ）	●家族向け住戸のため、一度入居すると比較的長期間居住してくれる ●同建物内には、実際に持家として居住している世帯が多く、建物の維持管理への意識が高い ●ワンルームと比べて、賃料を高く設定できる	●床や壁の面積が広く、仕様が良い場合もあり、クリーニング・リフォーム費が大きくなる ●入居の際の決定権者が単独ではなく（お子さん、奥さんの意見もある）、入居までの時間がかかる ●空室になるとまったく家賃が入ってこなくなる **➡ローン返済が自己負担になる**
一棟アパート（木造・軽量鉄骨）	●S 造、RC 造に比べて価格が低い **➡利回りが伸びやすい** ●S造、RC造に比べて解体費用が低く､数年稼動した後の計画に「解体」という選択肢を入れられる ●複数戸所有するため、まったく家賃が入ってこないという事態になりにくい	●耐用年数が短いため、融資期間を長く取れない ●外観（見た目）の傷み、劣化が早いので、入居者案内の際に RC 造より汚く見られやすい ●利回りが出やすい分、競合する投資家が多い **➡結果的に競争率が上がり、指値が効きにくいなどの状態となりがち**
一棟マンション（RC造・S造）	●耐用年数が長いため、融資期間を伸ばしやすい ●木造、軽量鉄骨に比べて、募集賃料を高めに設定することができる ●複数戸所有するため、まったく家賃が入ってこないという事態になりにくい	●大規模修繕の費用が大きくなる ●木造、軽量鉄骨造に比べて価格が高いため、利回りが伸びにくい ●区分は最上階のみを選んで買い進めることができるが、入居者付きの悪い部屋も保有することになる（例：101号室、日当たりの悪い部屋など）
商業ビル・テナントビル	●利回りが高い ●キャッシュフローが大きい ●融資を受けにくい分、購入時の競合相手が少ない	●融資を受けにくい ●火災保険が高い ●一度退去されてしまうと、空室期間が長くなる ●入居者付けに専門性が必要 ●維持、メンテナンス費が高くなりがち

まちですが、総じて利益が大きくなるのが特徴です。

対して、「区分」というのは、その一棟のうち一室を所有して貸し出すことを指します。20室ある一棟を「区分」にして分譲するのであれば、オーナーは20名になるということです。「一棟」に比べれば、入ってくる金額は小さくなるものの、建物全体を修繕するリスクも軽減されるのが特徴です。

「区分」と「一棟」、それぞれ強みと弱みを前ページの図1にまとめましたので、参考になさってください。そのうえで、どの物件が自分自身の「目的」に合うものなのか、どのくらいのリスクを許容できるのかを見極めていただきたいと思います。

2 物件価格はどうやって決まっている？

～不動産価格の正体～

新築は土地代のほか販売経費が含まれる

言うまでもなく、「不動産」は非常に高額な商品です。億単位の取引になることも珍しくありません。ただ、その高額な価格の設定根拠は意外と知られていません。次ページの図２で簡単に図解しましたので、参考になさってください。

図2　不動産の価格

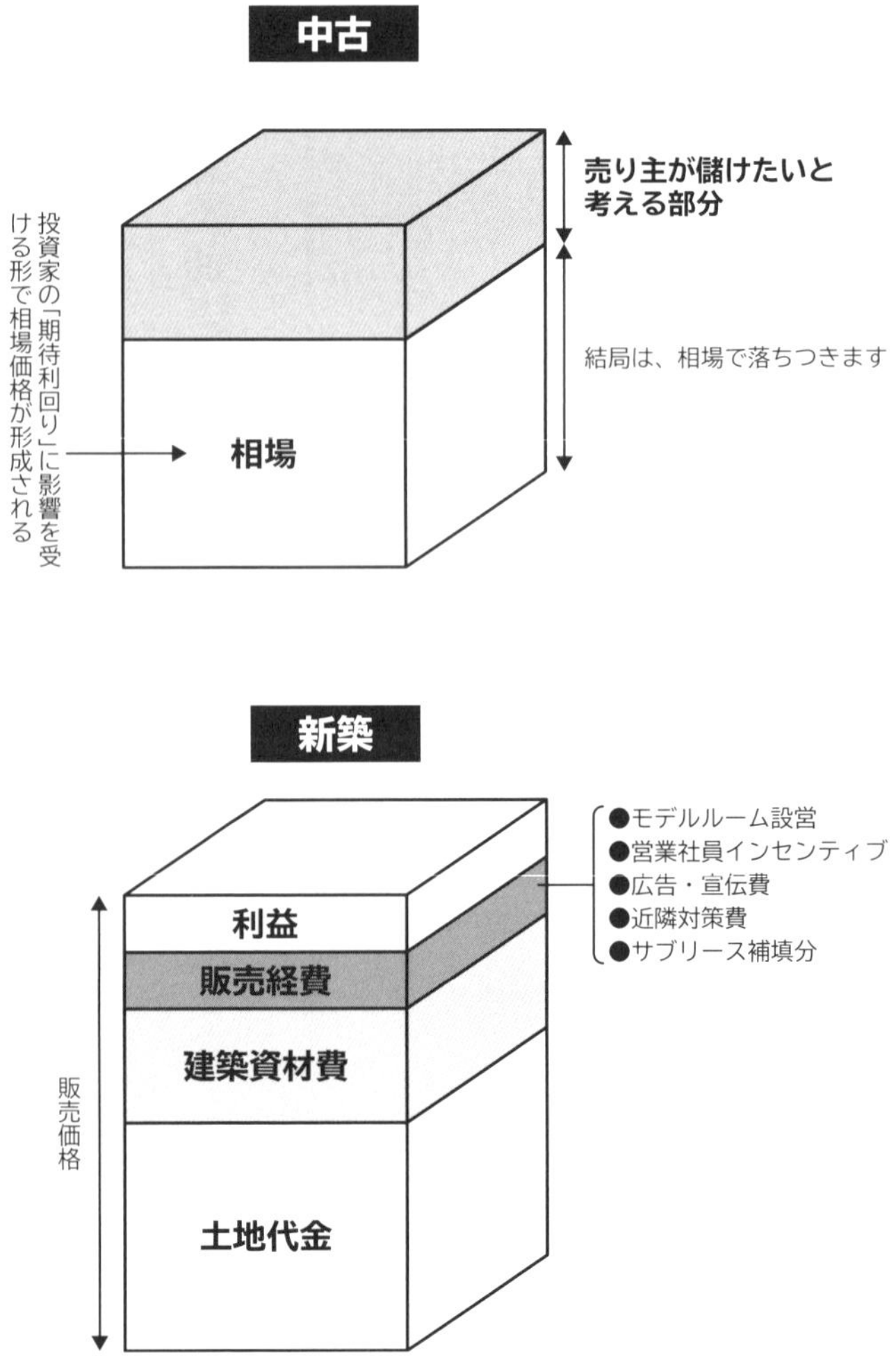
中古
売り主が儲けたいと
考える部分
結局は、相場で落ちつきます
投資家の「期待利回り」に影響を受ける形で相場価格が形成される
相場
新築
利益
販売経費
建築資材費
土地代金
販売価格
●モデルルーム設営
●営業社員インセンティブ
●広告・宣伝費
●近隣対策費
●サブリース補填分

3 不動産投資で狙うのはキャピタルゲイン？　インカムゲイン？

キャピタルゲインを狙うなら株やＦＸを！

景気が上向き、不動産価格が上昇すると増えてくるのが、不動産でキャピタルゲイン（＝売却益）を狙おうとする人たちです。キャピタルゲインというのは、購入価格と売却価格との差益のことを指します。一方、インカムゲインとは、安定かつ継続して受け取ることのできる現金収入のことで、ここでは家賃収入を指します。

ただ、私はキャピタルゲインを目的とするなら、不動産投資を選ばないほうが得策だと思います。私自身も不動産を保有していますが、その目的は、売却益を狙ってのものではありません。流動性に優れた株やFXのほうが扱いやすく、時間や労力を最小限に抑えられるためです。仕切るためのスピード感も、不動産の比ではありません。

一瞬で収益増を狙うか、時間をかけて収益増を狙うか

対して不動産は、手持ち資金がなくても融資を利用して始められる反面、常にその残債を視野に入れなければなりません。購入・売却時に要する時間や手間を考えると、決して売却益のみを狙うのには向いていません。少なくとも、一日や二日で利益を確定できるほど流動性が高くないため、売り買いを重ねて儲けを出すにはタイムロスの多い商品と言えます。

したがって、不動産投資は「一定期間の保有」をベースとして収益を読み、仮にキャピタルゲインを狙える時期が来たときには、余裕をもって売却判断を行うというスタン

スが正しいと考えています。

キャピタルゲインは瞬間的な「点」で収益を狙うもので、逆にインカムゲインは時間という「線」を味方にして収益を狙う手法です。「点」の儲けを前提として融資で購入しようものなら、「売れなかった場合」にデフォルト（＝債務不履行）を起こす可能性すらあります（1992年のバブル崩壊がそのいい例です）。

不動産でキャピタルゲインを狙いたいなら海外へ

諸外国を見ると、法整備やシステムの簡略化を用いて不動産売買の速度を速めている国も散見できます。

これは国策として「投機」的な売買を奨励しているわけで、現状の日本においては考えが異なります。短期売買をしにくいこの国において、不動産は「線」、つまり長期的に収益を狙うべき対象だということです。

第5章でも触れていますが、日本の不動産を買いに来る海外投資家の中でも、この特性をご存知の方は、一様にインカムゲインを目的としています。不動産でキャピタルゲインを狙う場合は海外で、ということです。

「高く売りたい」のは誰もが同じですが、「高く売らなければならない」のとは話がまったく別です。売価は利回りに直結しますし、多くの人が「利回り」を志向している状況下で、高値で購入することは考えにくいはずです。

それがわかっているにもかかわらず、「高値で売らなければならない」状態だと、その価格で出し続けるしかありません。

そもそも最初の段階で「線」を意識して購入していない場合、賃貸やテナントの需要、管理コストの分析をしていないことが多いものです。一度借り主が抜けると、再び借り主を探すのも苦戦します。しかし、毎月の返済は待ってはくれませんから、売れない期間が長引くほど苦しくなっていきます。買い主心理を無視したキャピタルゲイン狙いの「不動産投機」は、博打《ばくち》の意味合いが強いのです（豊富な資金があり、余裕を持って現金購入できる方は別ですが）。

「投機」と「投資」は別物です。特に不動産は時間を味方にする「投資」との相性がいい商品だとご理解ください。瞬間的なバカ儲けができない代わりに、大損を背負い込むものでもないのです。

お金に絡むあらゆるものにはリスクが潜んでいます。預貯金ですら例外ではありません。もちろん、**将来に対して何もアクションしないこともリスク**です。

大切なのは、各々の「相性」と「特性」をしっかり把握して分散させることです。

私も20年以上業界に身を置いていますし、自らも複数の不動産を運用する身ですが、決して不動産至上主義者ではありません。むしろ、経営者としても、不動産投資家としても「不動産を知っている」分、みなさんよりも懐疑的です。

だからこそ、不動産の特性になじむ手法でしか不動産投資はしません。相性の悪い方法で結果を求めても、パフォーマンスを悪化させるだけです。株には株の、国債には国債の、それぞれに求める役割が違うのです。

不動産投資の特性は、

①融資を使えること（手持ちの原資がなくても始められる）

②中長期で見ていれば瞬間的な損失は時間でリカバリーできる

ということです。現状では、この2点が最も不動産投資の特性を捉えていると思います。あえて「現状では」とつけたのは、社会・経済状況によって特性が変容していく可能性も十分あるためです。

4 不動産はどこで探すのでしょうか？
～不動産業界関係図～

目的に応じて頼る人を決める

「不動産を買いたい」「売りたい」となったとき、まず、どこに相談すればいいのでしょうか。

売買するときと保有するときとでは、関係してくる相手が変わってきます。

冒頭に折り込みの業界関係図をご用意しましたのでご覧ください。

まず、「不動産を買いたい」となった場合は、みなさんは見開きページ左側にある「買い主」になります。一般的には、不動産販売会社や仲介会社とコンタクトを取り、物件を探していくことになります。逆に「売りたい」となった場合には、見開きページ右側にいる「売り主」となります。ここでは主に仲介会社に依頼するのが一般的です。ほかにも、保有中にはどのような会社と関係することになるか、どんな会社がアプローチをしてくるのか、できるだけわかりやすく図にまとめました。

それぞれの関係者がどのような役割を担っているかは、この後の章でご説明していきます。

5 オーナーになるときの心構えってありますか？

不動産投資のゴールは「購入」じゃない

最近では収益不動産の「買い方」について、多くの書籍やサイト、セミナーで丁寧に教えてくれます。苦労しなくても情報を得られる時代になりました。

ですが、**不動産投資は「経営」です。**経営である以上、**買ったらそれで終わりではありません。**

今、「不動産の購入に行きつくこと」が半ばゴールのようになってしまってはいないでしょうか。確かに取得しないことには話は始まりませんから、そこに注力するのは当然です。しかし、やはりそこはゴールではありません。**将来手放すその日まで持ち続ける＝建物や部屋を維持する責任を負う**ということです。ここの意識やコスト感が希薄なまま購入している方が多いことに、とても不安を覚えています。

昔から、修繕などのコストに神経質なオーナーがいらっしゃいます。しかし、以前と圧倒的に違うのは、「不動産を購入する」ハードルが、良くも悪くも下がったことです。

それは、「不動産経営」の基礎知識がないオーナーを増やすことにもつながっています。

突如修繕が必要になり、400万円必要になったMさんの話

当社のセミナーにご参加いただいた、Mさんという方のお話です。

川崎市内でRC一棟マンションを買ったMさんは、比較的駅近にもかかわらず、表面利回りが10%で稼働しているその物件を大変気に入っていたそうです。固定費を差し引

いた年間のキャッシュフローも約170万円あり、一見、順風満帆なスタートでした。

ところが、購入から2年後、屋上の雨漏りが発覚します。最上階の全入居者から一斉に至急の修繕を求める声が上がります。

管理会社経由で屋上の処置と全面防水の見積りを取ったところ、約200万円でした。さらに外壁にも亀裂が見つかり、そこからも雨漏りの可能性があるとのこと。作業には足場を組む必要が出てきますし、入居者への補償も発生します。

結局、総額は約400万円にのぼったそうです。Mさんは陽気な方なので笑い話のように話しておられましたが、実際はシャレにならないレベルのお話です。

2年間積み上げてきたキャッシュすべてが霧散したうえに、自ら穴埋めをするハメになっているわけですから。

急にお金が必要になっても「知らない」では済まされない

不動産管理を主体に、販売も行う当社からすると、このMさんのケースは未然に防ぐことができたとしか思えません。

まず、購入検討段階で修繕履歴の確認、または現地での修繕箇所確認を徹底していないことが挙げられます。この情報をMさんに提供していない仲介会社も問題ですが、仮に情報自体を知らないまま販売しているのだとしたら論外でしょう。

また、物件のロケーションから考えると、利回りがやや高い物件でした。その時点で、なぜ高いのかを業者と分析しておくべきでした。

ここからは経験則からくる予想ですが、売り主はこれまで大規模修繕に一切費用をかけてこず、数年で修繕がくることを予想していたのではないかと思います。修繕費用が発生しなかった分、価格を落とすことが可能ですし、何より、売り急ぎたい事情があるわけですから、買いを早く決めるために相場より高い利回りをもくろんだのではないか。そんな思惑が透けて見えます。

決して売り主を責められる事例ではありません。残念ながらMさんの知識と意識の希薄さが原因です。購入する物件を誤ったのではなく、**購入までの手順を誤った**のです。

不動産経営について回る修繕・維持を意識できていなかったこと、仲介会社に情報収集を徹底させなかったこと、各箇所の修繕費用に対する予備知識がなかったこと。この手順を飛ばしてしまった代償が非常に高くついてしまったわけです。

もしかすると、事前に察知できていれば、「外壁の修繕を条件に買い付けを出す」「何の修繕も買い付け条件にしない代わりに指値《さしね》をする」など、色々な展開があったかもしれません。Mさんはキャシュフローである程度まかなうことができたのでまだましですが、修繕費用のために新たなローンを組むハメになる方もザラにいらっしゃいます。「そんなに修繕費用がかかるとは聞いていなかったぞ！」と怒ったところで、後の祭りなのです。

このようなケースは「不動産を持ち続けるための知識と意識」がないことから起こります。この点を語らない、または織り込まない業者は実はかなり多く、**買い主の方から発信しない限り、情報を出してこないこともあります**。

入居者、テナントに気持ちよく使ってもらってこその「不動産経営」です。つまり、全責任を負うのは、オーナーであるみなさんなのです。

まとめ

❶ 不動産投資では、自分の目的に合う物件を見極めよう

❷ 中古物件は投資家の期待利回りに影響を受け、価格が決まる

❸ 短期で収益増を狙いたいなら株・FX、長期なら不動産投資

❹ 不動産を売買するときと保有するときで関係者は変わる

❺ 中古物件は「買う前」に、修繕費用を織り込んでおこう

第2章

お金の知識がないリスク

～知っておきたいお金のこと～

1 自己資金はどのくらいあればいいですか？

貯金の期間が長ければ長いほど、運用期間は減っていく

ふだんお客様と接していると、「資金がある程度貯まってから購入したい」というご要望をいただくことがあります。

実際、投資には元手となる資金が必要ですから、このご要望はごもっともです。しかし、不動産投資に関して言うと、「必ずキャッシュが必要な投資」とは別の考え方が存在

します。

たとえば1億円の収益一棟マンションを購入したいと考えた場合、大半をローンで賄うにしても、売買価格の何割かは自己資金を用意する必要があるだろう、とお考えになると思います。仮に売買価格と融資額の差額が1割だったとすると、1億円の1割ですから、1000万円になります。

さて、この金額を毎月の給与の中からコツコツと貯めていくのに、いったいどのくらいの年月を要するでしょうか。

毎月5万円ずつ貯められたとしても、16年以上を要する計算になります。大きな金額ですから、ごく当たり前の話です。

ただ、16年後となると正直、不動産の市況、金融機関の動向など、どうなっているのか誰にも予測がつきません。仮に「金融機関で融資を受けられる前提」で16年間、自己資金をコツコツ貯めていても、それはあくまで〝現時点での〟金融機関の姿勢に則ったお話です。そう考えたときに「資金がある程度貯まってから購入したい」というのは堅実ではありますが、一方で**運用期間が少しずつ減っていくことも意味します。**

貯金の前に、物件を先に取得する方法もある

ここからは、不動産固有の特徴を利用するお話です。

不動産投資がほかの金融商品と比べて圧倒的に異なるのは、**融資を利用できる**ということです。投資対象となる不動産の評価、または借入希望者の資産や職業から融資を検討してもらうことができ、自己投下資金を最小限に圧縮することができます。

この長所を使って、**今の資産背景と所得の範囲内で融資を受け、キャッシュフローを積み上げるための物件を先に取得してしまうのも一つの戦略**です。

借入の金額が増えるため、月次の返済額も増えることになりますが、第一義は返済をしたうえでそれでも着実にキャッシュを残すことですから、そうした目線で物件を狙っていくべきでしょう。

年間の固定資産税を納付した後も、毎月12万円のキャッシュが残るのなら、年間１４０万円、10年間で１４００万円オーバーの現金が積み上がる計算となります。これを原

資に次の購入を考えていけば、少なくとも現在の「資産がまったくない状態」とは比べものになりません。購入できる物件、使える金融機関の幅も拡がるはずです。

毎月の給与所得には触らないまま、不動産からの収入だけを貯めていけばいいわけですから、「資産をつくる」速度は上がっていきます。

ただし、こうした展開が可能な物件が市場にごろごろ出回っているわけでもありませんし、すべての方が購入できる保証もありません。それに、レバレッジなど、不動産固有の特徴を利用する場合にもリスクは存在します（次項を参照）。

ご自身の目的に照らして、こうした仕組みを利用するべきか、そうでないかを決めましょう。判断の基準はそこにしかありません。目的を達するために、今からコツコツ預金をして間に合うのなら、借入をあえて背負う必要もありません。

預貯金だけでは期限内に目的を達成できそうにない、といった方は、選択肢の一つとしてご検討ください。

2 「自己資金ゼロで始められる」はウソ？　ホント？

「フルローン」「オーバーローン」は賢いやり方か？

「頭金ゼロで始める不動産投資」といったフレーズを書籍やセミナーのタイトルで見かけます。

当社の個別相談でも、お客様のほうから「自己資金があまり準備できないので、頭金ゼロでいけませんか？」と言われることがあります。

以前はお客様からこんな風に言われることはなかったように思います。それだけ仕組みを知る機会が増えたということなのでしょう。

金融機関が不動産の評価をする際に、その評価額が売買価格と同等、または上回れば、理論上「自己資金ゼロ」が可能ということになります。

一般的に、物件価格全額を融資で賄う場合を**「フルローン」**、物件価格に購入諸経費などを転嫁した金額を融資で賄えば**「オーバーローン」**と呼称されます。

このトピックになると、とかく良い・悪い、賛成・反対といった議論になりがちですが、私自身はいずれの論者でもありません。

本来の売買価格の100％、またはそれを超す額の借入となるため、債務の割合が大きくなることは確かで、決して歓迎すべきことではありません。

しかし、レバレッジを利用できることも不動産の特性ですから、利用しない手もありません。

要するに**論点は「バランス」**だと思います。**リスクを理解して、許容可能だと判断できるのなら、「自己資金ゼロ」も戦略の一つ**と言えるでしょう。

フルローンの落とし穴とは？

以下、フルローンについて最低限知っておいていただきたい点をご紹介します。

一点目は、不動産購入にあたって借入の割合が大きくなるため、**次回不動産を購入する際、金融機関から「債務超過」とみなされる可能性を含んでいる**という点です。何に対して「債務超過」しているかと言うと、その物件の「積算評価」に対してです。

積算評価とは、原価法という計算をもとに算出される、物件の現在の正味価値を言います。積算評価が売買価格と釣り合っていることは希少であるため、借入割合が大きくなれば、自ずと「債務超過」状態になります。

今後も買い進めていくことを考えると、**債務超過が過度な場合、金融機関からの新規融資が難しくなりかねません**。

自己資金を抑えられるメリットを得る分、こうしたマイナス要素があることも念頭に置いてください。事前に**積算評価との乖離《かいり》をしっかり確認しておくこと、キャッシュフ

ローが十分確保できること、このあたりは最低限押さえておくようにしましょう。

二点目としては、その後も物件を買い進めていくなら、**金融機関に対してプラス材料を持っておく必要がある**ということです。

仮に評価上は債務超過で減点されても、きちんと収益を上げていればリカバリーは可能です。それだけ現金が積み上がっていくことになるためです。

収益が出ているか否かが生命線になりますから、もし**保有中に目減りするようなことがあれば、新規で融資を受けることが難しくなってしまいます**。

そこで注意すべきは、**ローン返済額の変動を想定しておくこと、賃料の下落を想定しておくこと、修繕コストを確認すること**、といった点になります。

収益物件における融資のほとんどは、変動金利を採用しています。将来的には、金利の変動に伴って返済額も動く可能性があるため、45ページにある図3のストレステスト（＝金利が上昇した場合の返済額の確認）やそのほかの指標を使って、最悪のケースを想定するようにしましょう。

キャッシュフローは、入ってくる賃料の変動によっても大きく左右されます。瞬間的な「点」のみで収益の判断をせず、将来的な入居者の入れ替えや相場推移、つまり時間軸である「線」を読んでおかなければなりません。

同様に、現状はかからないとしても、物件を保有中、修繕コストも必ず発生するものです。この費用も、一棟の場合は大きな出費となり、積み上がったキャッシュフローを取り崩す要因となります。「自己資金ゼロ」という甘言に気を取られすぎず、事前に修繕箇所とその想定時期、費用の資金計画を立てておくようにしましょう。

一方で、それを手放しでラッキーとは言えません。この手法が招きかねない事象もあらかじめ把握しておく必要があります。

重要なことなのでくり返しますが、債務超過になってしまったり、保有中にキャッシュフローが減ってしまうと、今後新規融資を受けるのが難しくなるということです。いわば「諸刃の剣」です。

この「諸刃の剣」をご自身で使いこなし、許容できる方は積極的に使ってもいいと私は思います。または、その「剣」の使いこなし方を知っているパートナーがいるのなら、それもいいでしょう。

図3 ストレステスト

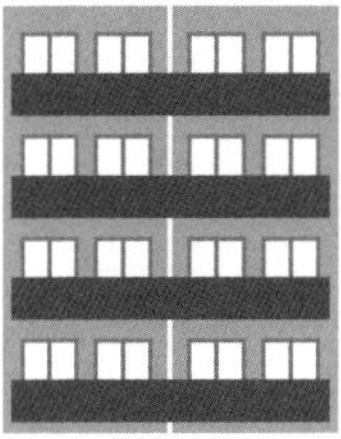

●7000 万円のローン (30 年間)、表面利回り10%想定、金利 2.0%

●月々60 万円の収入（7000万円 ×10%＝年間700万円 ÷12ヶ月＝583,333円）

※ここでは計算しやすくするため、仮に「60 万円」とする

月返済額：258,733 円
収　　入：600,000 円

341,267 円 **収入**

↓ 金利が上昇したケースを考えてみる（ストレスをかける）

●7000 万円のローン（30年間）、表面利回り10%想定、金利 **4.0%**（金利が倍に上昇）

●月々 48 万円の収入（現在から20%収入減）

月返済額：334,190 円
収　　入：480,000 円

145,810 円 **収入**

↓

収入がプラスなので「耐えられる」と判断できる

一番怖いのは、今後の展開を視野に入れていない販売業者から、「自己資金が必要ない」という理由だけで購入してしまうことです。**しっかりと展開案を示せるパートナーかどうかを見極めてから、融資を受けられることをおすすめします。**

3 自分の信用度はどのくらい？

～個人信用情報を把握する～

ケータイ代の支払い忘れも融資の審査に響く？

融資やクレジットカードの審査に際しては、過去に支払いの延滞や未納がなかったかを確認されることになります。こうした情報は指定機関に記録されており、金融機関はここの記録をもとに融資可否の判断を行います(49ページの図4参照)。この記録された情報を「個人信用情報」と呼びます。ここに「事故履歴あり」と記録がある場合、融資を受けるのは大変困難になります。「今まで大きな買い物をしたことがないから大丈夫」という方も、思わぬところで延滞扱いとされてしまっていることがあります。

最近多い例が、**スマートフォンの利用料の延滞**です。これは「払い忘れていたらケータイを止められた」と簡単に考えているどころの話ではありません。それが**延滞履歴となって融資審査に影響するケースがしばしばある**のです。

毎月の利用料には、実は通信料のほかに、月額払いで購入した機種代金が含まれています。この部分の延滞が個人信用情報に記録されてしまうわけです。

同様に、大学進学時に借りた奨学金の返済状況も、現在では記録対象になっています。いずれのケースも、本人に「借入《かりいれ》」という認識が薄いために発生する事例です。融資申込時のヒアリングで「これまでに延滞などはありませんか？」と聞かれても、自覚がないわけですから、当然「ありません」と答えます。しかし、金融機関は個人信用情報を閲覧して裏を取ります。いかに本人が「延滞はない」と言っていても、データ上は「延滞」「事故履歴あり」となっています。ヒアリングの際に正直に答えていないと判断されれば、金融機関からの心証は最悪です。

図4　信用情報開示報告書の見方

※CICの報告書の場合(一部抜粋)

クレジット情報　1 ／ 3 件　1.登録元会社:　〇〇〇クレジット(株)

《属性》

3.氏名	信用　信一		
4.生年月日	昭和60年01月23日	5.性別	男
6.電話番号	03-1234-5678　090-1234-5678		
7.住所	東京都新宿区西新宿1－23－7　新宿ファーストマンション123号室		
8.勤務先名	シーアイショウジ		
9.勤務先電話	03-8765-4321		
10.公的資料	運転免許証	300012341234 (確認日)　平成23年03月21日	
11.配偶者名	信用　花子		

《契約内容》

12.契約の種類	本人
13.契約の内容	カード等
14.契約年月日	平成23年03月21日
15.契約終了予定日	
16.支払回数	リボ
17.契約額	
18.極度額	300千円
(内キャッシング枠)	100千円
19.商品名1	キャッシング付
(数量・回数・期間)	
20.商品名2	
(数量・回数・期間)	
21.商品名3	
(数量・回数・期間)	

《お支払の状況》

22.報告日	平成26年04月20日
23.請求額	200千円
24.入金額	0千円
25.残債額	200千円
(内キャッシング残債額)	50千円
26.返済状況	異動
(異動発生日)	平成25年12月10日
27.経過状況	
(経過状況発生日)	
28.補足内容	
(延滞解消日)	
29.保証履行額	
30.金額	
31.終了状況	

《入金状況》

年	H26				H25										
月	4月	3月	2月	1月	12月	11月	10月	9月	8月	7月	6月	5月	4月	3月	2月
状況	A	A	A	A	A	$	$	$	－	－	$	$	$	P	$

ここに次のA、B、Cのいずれかがあった場合は要注意です

$	請求通り(もしくは請求額以上)の入金があった
P	請求額の一部が入金された
R	お客様以外から入金があった
A	お客様の事情で、お約束の日に入金がなかった(未入金)
B	お客様の事情とは無関係の理由で入金がなかった
C	入金されていないが、その原因がわからない
—	請求もなく入金もなかった※
空欄	クレジット会社等から情報の更新がなかった※

※例:クレジットの利用がない場合

詳細は⇒http://www.cic.co.jp/mydata/report/documents/kaijimikata.pdf

「そんなに大きな金額ではないのに」と、お客様に言われたことがあります。お気持ちはわかります。ですが金融機関からすれば、金額の多寡を見ているわけではなく、「延滞をする人である」という点に重きを置いています。つまり、**「お金の管理ができない人」とみなされ、融資に大きな影響を及ぼします**。

あなたも誰か人にお金を貸すとき、ウソをつく人より誠実な人のほうに貸したいと思うはずです。それと同じです。

なんとなく不安な方は、ご自身の個人信用情報をご覧になってみるのも一つの手です。以下のサイト上から申請可能ですので、一度お試しください（閲覧申請は原則ご本人のみ）。

●全国銀行個人信用情報センター　http://www.zenginkyo.or.jp/pcic/
●ＣＩＣ　http://www.cic.co.jp/index.html

金融機関が個人信用情報を見る真の狙いとは？

金融機関がこのような履歴を見るのは、その方の資産状況や所得だけでは読み取れない部分を推し量るためです。具体的には**「金銭の管理能力」を見るため**と言い換えてもいいでしょう。

年収3000万円の方でも、浪費家で、過去に何度も延滞や未払いをくり返している場合もありますし、年収が350万円でも、一度も支払いを滞らせたことがない方もいらっしゃいます。結局どちらのほうが信頼できるか、という点を見ているわけです。

また、仮に延滞履歴が出ていたとしても、一回程度ならば事情を説明することでクリアすることは可能です。逆に延滞経験があるのに、「一度もありません」と回答してしまうと、個人信用情報の記録と食い違うわけですから、心証はよくありません。

まず「ウソをついていないこと」、そして「自分のお金の動きをきちんと把握できていること」を理解してもらうことが重要なのです。

余談ですが、最近では賃貸の保証会社にもデータベースが存在します。過去に保証会社を利用して家を借り、その際に家賃滞納があったとしたら、滞納記録が残されている可能性があります。そうなると、新たに保証会社を利用できないことになります。つまり、保証会社の利用を入居条件としている物件は借りられません。

近年はデータを共有することが当たり前になりました。みなさんのデータはしっかり記録・蓄積されていきます。融資を受ける、家を借りるなど、そのときになってから取り繕っても間に合いません。シンプルなことですが、ふだんからお金にまつわる自己管理意識を持っておいていただきたいと思います。

4 金融機関の担当者はどこを見ているのでしょうか？

金融機関はその人の「資産背景」しか見ていない

不動産投資を始めようと思う方の最初の壁が、融資を承認してもらえるかどうかです。どの金融機関からいくら借りられるかは、今後の展開を大きく左右します。審査開始に当たって事前面談を要する銀行がありますが、その場でつい力んでしまうお気持ちも理解できます。

とはいえ、いろいろと頑張り過ぎてしまうのも考えものです。

以前、こんな方がいました。

銀行の担当者とあいさつを交わした後に、延々と自己アピールを始めたのです……。

「私はK大学を卒業し、その後日本でも有数のトップメーカーに入社し、5年働いた後にヘッドハンティングを受けて転職し、今はIT企業の役員をしています。大学時代は体育会でラグビーを続け、今もOB会の幹事を引き受けております。実家は云々……」

たまたま同行していた私は、ひやひやしながら担当者の顔色をうかがっていました。「面倒な人が来た」と思われて心証が悪くなれば、審査どころではなくなるからです。

あえてきつい言い方をしますが、**金融機関はその方の「背景」しか見ていません**。つまり、属性（63ページ以降参照）、所得、資産背景などです。その人の人柄はまったく関係ないのです。どんな経歴を持っていようが、どんな趣味・人脈を持っていようが、そこに興味はありません。「この人にいくらまでならお金を貸せるか」を判断する材料は、年収属性と資産状況のみです。いくら自己PRをしても、何のプラスにもならないどころか、逆に論理的ではない人と思われればマイナスですらあります。

伝えるべきことは**「これだけの資産を持っています」ということと、「今後このような資産運用を考えている」ということ、この2点だけで十分なのです。**

そのうえで、なんとか協力してもらえないか、と打診するのが理想的な姿勢です。

絶対にウソをつかないこと

もう一点ポイントをお伝えすると、担当者からヒアリングがあった場合、**「絶対にウソをつかない」**ということです。こんな当たり前のことをくり返しお伝えするのは、融資の承認がほしいあまり、事実を盛ってしまう方が多いためです。

特に先ほど解説した個人信用情報にかかる部分の質問には要注意です。回答と登録情報に食い違いがあれば、マイナスの印象を与えてしまいます。

雄弁に話す必要はありません。むしろ聞かれたことに対して端的かつ正確に答えるほうが、はるかに好まれます。

膨大な審査案件を抱えている銀行員は、常に時間に追われています。しかも、できる担当者であればあるほど、一案件にかけられる時間は限られています。**面談は必要最小限に留めておくのが心証の面においても得策**と言えます。

まれに進捗確認のため、支店へ通い詰める方もおられますが、これもあまり歓迎はされません。ここでも必要最小限、電話やメールでのやりとりにとどめておきましょう。

また、銀行員は「今案件に対して融資はできなくても、預金客にはなり得る」と考えますから、すぐにノーの回答をしてくれないことがあります。なんとなく引き延ばされて、結局は融資できないと言われれば、待っている時間もロスになります。それを防ぐために、最初の段階で「ダメな場合はダメ、と即答いただけたほうがありがたいです」と伝えておけば、次の行動に移る速度を上げることにもつながります。

5 金融機関と交渉するときのコツはありますか？

資産はすべてオープンに！

先ほど、金融機関とのやりとりについて話しましたが、残念ながら融資がおりない場合も当然あります。その原因の一つに「資産背景を開示しない」ことが挙げられます。これは、正直に申し上げて論外です。これでは、どの金融機関も相手にしません。とても単純なことですが、金銭を貸借するベースには信頼関係があります。その相手が個人であれ、金融機関であれ、同じことです。金融機関からの協力を取り付けたいのなら、自分の手の内はすべて明らかにしておく必要があります。金利や条件面の交渉はその後の話です。

また、融資相談の段階で「自宅を共同担保（＝購入物件の評価と価格が乖離《かいり》した場合、別の保有物件を担保とすることでその差額を埋めること）にするのは無理です」と固辞したり、あえてご実家の資産、保有不動産などを伏せる方がいらっしゃいます。

せっかく担保価値のある資産を持っているわけですから、それを担保とすれば低金利という条件を引き出せるにもかかわらず、「この土地だけは守りたい」「先祖代々の土地だけは何があっても手放せない」とおっしゃられます。

お気持ちはよくわかります。たとえ好条件を引き出すためとはいえ、家族の住まいに手を付けるわけにはいかないという感情は至極真っ当です。

ですが、はっきり言いましょう。

万が一購入物件の運用が暗礁に乗り上げたとしたら、担保に入っていようがいまいが、ご自宅も債権回収の対象物となります。抵当権を付けていないから見逃そうと思ってくれるほど、金融機関は甘くありません。それどころか、貸し倒れを回避すべく、すべての保有資産を徹底して追跡されます。これは、不動産投資のためのローンが、弁済の範囲を融資対象物に限定しない「リコースローン」という貸付方法であるためです（逆に融資対象物のみに限定する方法を「ノンリコースローン」と呼びます）。

金融機関が担保を取りたがる理由とは？

「担保」の実際の意味を誤解している方が多いのですが、金融機関が不動産に抵当権を設定する（＝担保にする）ということは、その対象不動産から優先的にお金を取り戻すための手続きをしているということです。

抵当権を設定していない不動産には手出しできないということではありません。金融機関が担保を取りたがるのは、それによってほかの金融機関よりも先に債権回収できる「安心」がほしいからです。

裏を返せば、担保が多いお客様は、金融機関にとってはリスクの低いお客様となるため、貸出金利を低くすることができます。差し出せる担保が少なければ、貸出金利を高く設定せざるを得ません（66ページ以降、後述します）。

以上のことから、仮に債務が履行できなくなった場合には、抵当権の有無にかかわらず、全資産が返済に回されることになります。ならば、最初から使える資産すべてを利用して低金利・好条件で借りたほうが、得策だと考えられます。結果的に、単月の返済額を圧縮できれば、仮に物件の収益が落ちてきても返済を滞らせるリスクは軽減できます。

心情的に「自宅を担保にする」ということに抵抗があるのは誰しも同じです。ただ、それによって返済額が上がってしまうのであれば、債務不履行の遠因にもなりかねません。これでは本末転倒です。

仮にどうしても守りたい資産があるのであれば、名義を変えておくのも一つの手段です。あるいは、共同担保に提供した後に、金融機関と担保を減らす交渉を行うことも可能です。

トランプのゲームでは、最後まで切り札を取っておくことが王道とされますが、金融機関から好条件を引き出す際は、その逆です。みなさんが持ち得る資産カードは、最初からすべてオープンにしておくべきです。

このことは保有不動産だけでなく、現金についても同様です。

銀行預金の一部を担保とすることで、良い融資条件を引き出せるケースがあります。いわゆる「預金担保」というもので、一定期間現金の流動性は失われますが、有効な手段の一つと言えます。

大切なのは、まず銀行にとってのリスクを減らすこと。それが結果的に、ご自身のリスク軽減につながると理解することです。

私もこれまで様々なお客様を見てきましたが、この場面で感情に流されず、ロジカルな判断をされた方ほど、安定した不動産経営を続けていらっしゃいます。

もう一点、資産背景については、銀行だけでなく、物件を購入する際の不動産業者にも正直に開示しておきましょう。業者が融資のあっせんを行ってくれる場合、可能性のある金融機関をくまなく当たりながら、一生懸命ローン付けを行います。

その際に隠し事などがあると、信頼関係にひびが入り、まとまる話もまとまりません。

また逆に、ご自身の資産状況をすべて話すことに躊躇してしまうような相手なのであれば、そもそも信頼関係の構築ができていないわけですから、その相手から購入すること自体を考え直したほうがいいかもしれません。

6 属性って何ですか？

金融機関は勤務先や年収などの「経済的背景」を見ている

不動産は金融機関から「評価」を付けられます。この評価をかみ砕いて言うと、「この物件は立地、収益性がいいので、私たちもお金を貸しますよ」ということになります。

新築ワンルームなどの場合に多いのですが、営業担当者のセールストークに「金融機関がこれだけの評価を出してくれているので、それに値するいい物件なんですよ」というものがあります。相場観に乏しいお客様だと、物件評価のプロである金融機関の評価額をつい信じてしまいたくなるものです（中古区分や一棟の場合は稼働状況や積算評価という客観的なものさしがあるので、まだ評価基準がつかみやすいのですが）。

しかし、ここにも一つワナがあります。実は、**金融機関は物件の評価ではなく、借りる人の属性によって融資を決めています**。その証拠に、必ず勤務先や年収を聞かれるはずです。本当に不動産そのものの評価にのみ融資をするのなら、本来借りる人の属性は関係ないはずです。しかし、あえて聞くということは、借りる人の属性も重視しているということになります。

金融機関はお金を貸し出して利子を回収することが商売ですから、常に貸し付けたいわけです。ただ、貸付先・貸し付ける対象が持つリスクをできるだけ下げたいのもまた本音です。

現在のように不動産購入希望者が多い場合、金融機関は、不動産価格が相場よりずいぶん高いと感じていても、ある程度は融資を出していくほかありません。特に新築の場合はその傾向が顕著です。たとえ不動産の収益価値と分譲価格との乖離が大きくても、借りた人の返済能力の有無（＝属性のよさ）に依存して融資を出していることになります。**貸付先となる人の経済的余力は、金融機関にとっては魅力です。「貸し倒れ」というリスクの低減につながるためです。**

また、販売会社が大手の場合、貸す対象者の経済力が高くても、その会社の信用性に対してローンが付くということもあります。「借りた人が返せなくなった場合、再販して金融機関には迷惑をかけない」という暗黙の了解があったりもします。

つまり「ローン評価＝物件価値」とは必ずしも言えない、ということを覚えておいていただきたいのです。

「融資評価が出ているから良い物件」ではなく、**ご自身の目的に当てはまる物件があり、それに対してローンが付く、という順番こそ正解**です。ローンありきで考えると、目的とゴールがぼやけてしまいます。

7 金利は借りる人によって違うんですか？

「お金をちゃんと返せる人かどうか」で金利は変わる

不動産の購入にあたってローンを組む場合、気になるのは金利です。この金利は、銀行によって大きく異なります。その時々の調達レートや基準金利の動向にもよりますが、当社のお客様の中でも2016年6月現在で0・5〜4・5％程度の幅が見られます。

誰しも「少しでも金利の低いところで借りたい」と思うのは当然のことです。

では、貸す側、つまり金融機関の思惑とはどんなものなのでしょうか。

彼らの最大の目的は、**金利分の返済が確実に履行され続けること**です。つまり、**履行されないリスクをヘッジしようとします**。これが、「金利差」として表出するわけです。

たとえば、1億円の物件があり、AさんとBさんがローンの申し込みをしてきました。Aさんは資産家で、甲銀行に預金が1億円以上あります。またそれ以外にも不動産をいくつか所有しています。甲銀行は「Aさんに1億円を貸し付けて、万が一対象不動産からの収益が想定通り上がらなくても、預金の1億円と保有不動産があるから回収は可能だな」と判断して、銀行内における最低実行金利で1億円の融資を承認します。

一方Bさんは、現金をほとんど持っておらず、今回が最初の物件購入です。このとき、甲銀行はこう考えます。「Bさんは、この物件で想定通りの収益を上げられなければ、返済が滞る可能性があるな……リスクを最小限に抑えよう」と。

その結果、金利は高めに設定され、さらに融資額も満額ではなく「7000万円までなら貸します」という判断に落ち着きます。

今いるステージを許容して、物件探しをする

これから資産を作ろうとしている人に低い金利で貸してくれる金融機関はありません。「他人と比べて自分の金利が高いのは銀行が悪い」というのはお門違いです。**現在の自分のステージはまだその位置だと冷静に許容すべきです。**いくつもの金融機関を回って少しでも条件のいいところを探すことに反対はしません。ただ、今の自分には届かないステージの条件を追い求めていても、時間が過ぎるばかりで進展はありません。

今の自分の資産内容で、どの銀行がどのくらいの金利で貸してくれるのかという現実をしっかり見つめてください。仮にそれが現時点で高金利とされる4・5％の金利で借りることになったとしても、キャッシュフローの出る物件を探す方向に舵を切るべきでしょう。また、その状況をしっかりと業者にも伝えて物件探しの協力を仰ぐほうが、何倍も建設的です。実際4・5％の金利でローンを組んで、それでも収益を上げているオーナーはたくさんいらっしゃいます。

8 不動産投資をするなら法人化したほうがいいですか？

～個人と法人の違い～

法人でも、実績ゼロでは貸してもらえない

不動産の購入にあたっては、「まず法人化したほうがいい」と言われます。最近では、法人立ち上げを前提としたセミナーも増えてきています。そして「ローンが通りやすくなる」「節税になる」とおっしゃいます。果たしてそれは本当なのでしょうか。

まずローンについてですが、法人化すればローンが通りやすくなるかと言うと、必ずしもそうとは言い切れません。法人の保証人となる方の属性がよほど強力であれば、新規法人への融資が可能なケースもあります。ただ、**原則実績のない法人に対する融資のハードルは大変高いものです**。そもそも判断基準がないわけですから、何を根拠に貸し付けてもらうのかということになります。

先ほど申し上げた通り、金融機関は貸付先の「資産背景」を拠りどころとして融資を決定します。貸す側の立場に立って考えれば、リスクが高いと判断するのは当然でしょう。仮に購入物件の収益が下がってしまったとき、どこで担保するのでしょうか。その法人自体にほかの収益源もなく、信用もなければ、到底融資はできません。

極端に言えば、年収700万円の大手企業サラリーマンのほうが、よほど社会的信用は高く、安全な融資先と判断されるのです。こうした理由から、「法人化」に融資メリットが必ずあるとは言い切れません。

法人化に踏み切ったほうがいいタイミングとは？

さて、次は節税効果についても考えてみましょう。

たとえば年収500万円のサラリーマンの場合、おおよその目安で所得税率は5％、住民税率は10％と設定されます。

一方、現行の法人税率は23・9％（国・地方を合わせた実効税率は31・33％）となりますので、年収500万円の方が仮に法人で納税することになれば、個人での納税よりもかえって納税額が大きくなってしまいます。

ざっくりとした計算をしてみると、**個人所得税における課税所得が900万円超の方が、そこへさらに不動産所得を上乗せされた場合、ようやく法人移行のメリットが出ることになります**（所得税率33％～）。ここのラインを超えたときにはじめて法人化を検討されたほうがよいかと思います。

また、法人である以上、**事業年度ごとに決算が必要となります**。自分で行うこともできますが、仕事と並行して日常的に帳簿を付けながら決算事務も行うのは、大変な手間ですし、税理士に頼むとなれば、当然別途費用が発生します。

とはいえ、相続税や贈与税の対策として有効な側面もありますので、前述の指標を超えている方は、有識者へご相談のうえ、総合的に判断していただきたいと思います。

くれぐれも「法人化」をメリットばかりだと盲信しすぎませんように。

9 不動産が相続税対策になるってどういうこと？

～相続税対策の裏側～

キーワードは路線価。資産家が不動産を持とうとする理由

2015年1月に相続税および贈与税の税制が改正されました。基礎控除の引き下げなどの負担増が予想されたため、不動産業界にも一種の「相続税対策ブーム」が巻き起こりました。「タワーマンション節税」といった言葉が広まったのもこの頃です。

さて、ではなぜ不動産が相続税対策となるのでしょうか。

お持ちの現金資産を不動産に換えておくことで、相続税を軽減できるのは事実です。これは不動産の「評価」が成せる技です。

156ページ以降でも触れますが、不動産には様々な「値付け＝評価」が存在します。相続税の課税で用いられるのは「路線価」と言うものです。

路線価とは、地域の道路に面する宅地の、1平方メートルあたりの評価額のことです。国土交通省が発表する土地価格の基準値（公示価格）の80％程度となり、評価としては低い額が算出されます。額として高いエリアもありますが、あくまで平均的な価格や公示価格と比較した場合に低い額、ということです。

この路線価から控除額や借入額を差し引いた金額に対して相続税が課税されます。

一方、現金には評価がありませんから、2000万円を現金で持っていれば、2000万円全額が課税対象となってしまいます。

対して、2000万円で不動産を購入しておくと、仮に路線価が1200万円だった場合、現金で持っておくよりも課税額が800万円下がるため、納税額は格段に安くなる、ということです。

加えて金融機関からの借入が残っている場合は、これも路線価から差し引くことが可能です（残債が保険で完済された場合は控除対象外）。単純に言えば、実勢価格と路線価の開きが大きければ大きいほど、節税効果も大きくなります。

どうでしょうか？　資産家が現金を不動産に換えておきたい理由が少しおわかりいただけたのではないでしょうか。ただし、不動産が相続税対策のすべての面において有用かと言われると、やはり完璧とは言い切れません。

その例を、以前私が個別相談を担当させていただいた方のエピソードを通じてご紹介します。

事前に物件の市場評価をしなかったR氏の末路

資産家R氏

・資産が多く、現金資産3200万円には確実に相続税がかかる状況

・相続人は息子が一人のみ

R氏は、知人経由で出会ったコンサルタントからこう言われたそうです。

「現金のまま相続すると、600万円以上税金で持っていかれるので、今のうちにマンション購入を考えたほうがいいと思います」

かつ、このコンサルタントはこのようなアドバイスも加えたとのこと。

「そのマンションを、1年に3分の1ずつ、3年かけてご子息に譲渡してください。譲渡税が毎年40万円かかりますが、3年間で120万円の納税で済むうえに、その時点で8000万円のマンションはご子息の名義となります。結果、相続税をまともに支払うよりも600万円－120万円＝480万円の節税ができたことになります」

数字だけ見るとすばらしいテクニックです。

600万円超の相続税が120万円で済んだのですから、差し引き480万円の節税効果を得られたわけですね。めでたし、めでたし……となるはずでしたが、実はこの話には続きがあります。

3200万円のマンションを譲渡された息子さんが、売って現金化しようと考えて売却査定・融資評価を依頼したところ、このマンションは2500万円までしか評価が出なかったらしいのです。こうなると話は大きく違ってきます。

現金を不動産に換えておく大前提として、その不動産がもともとの現金と同じ価値（＝価格）を維持しておく必要があります。売却時に評価が下がっていれば、それは単に総資産の目減りを意味します。

3200万円を現金で相続して、仮に600万円の相続税を支払ったとしても、3200万円－600万円＝2600万円が手元に残ります。

一方、3200万円のマンションを譲渡する際に120万円の譲渡税を払って、そのマンションが2500万円でしか売れなかったら、手元に残るのはわずか580万円（3200万円－120万円－2500万円）です。これでは節税になったどころか、現金で相続したほうが、手取りが多かったことになります。手間と労力をかけて不動産に換えた意味がなかったわけです。こうしたケースになることもあり得るので、相続税対策で不動産を用いる場合はご注意ください。

事前に売り出し価格を確認しておこう

不動産投資を行う場合、税との付き合い方はとても重要です。相続税対策もしっかりと行うべきでしょう。ただし、安直に動いてしまうと、このように思わぬ結果を招くこともあります。市場は決して意図したようには動いてくれません。

R氏が購入したマンションがなぜそこまで評価損を起こしてしまったかは判断しかねますが、現実にこうした例も起きるわけです。少なくともリセール（買った物件を売り出すこと）の評価想定だけでも、業者や金融機関へ事前に確認しておけば、その物件の購入は見送っていたかもしれません。

将来的に現金に戻すと考えているのなら、場所や立地などから、物件価格の落ちにくい物件を慎重に選んで、次の買い主に対して融資を用意してあげられることが必須です。

現金購入のお客様に顕著な例ですが、ご自身が現金購入の感覚に慣れているあまり、物件の融資評価という視点を忘れてしまいがちです。不動産購入者の大半はローンを利用するわけですから。

また、冒頭で触れた「タワーマンション節税」も、あまりに横行したため、国から課税方法を見直すといった声も挙がっています。路線価では建物の階層は考慮せず、1階の部屋も、最上階の部屋も同じ路線価となります。

ただ現実の実勢価格では、最上階の方が圧倒的に高額ですから、それをあえてローンで購入して負債が残るように設計しておけば、路線価よりも明らかに負債額が高くなり、相続税の課税を回避することができたのです。

この節税方法に業を煮やした国は、タワーマンションの階層も視野に入れて個別に課税することを検討し始めました。

税制とは国が布くものですから、いつ変わるかは誰にも予測がつきません。こうした前提も含め、各自が税とどう付き合っていくかを決める必要があります。

まとめ

❶ 自己資金を貯める時間が長いほど運用期間は短くなる

❷ フルローンは収益が出ないと新規融資が難しくなる

❸ 携帯料金の払い忘れも融資審査に影響する

❹ 金融機関は買い主の「返済能力」しか見ていない

❺ 金融機関へは資産状況をオープンに伝えよう

❻ 「ローンの評価＝物件の価値」ではない

❼ 支払い能力に応じて金利は異なる。今いるステージを認めよう

❽ 個人の課税所得が９００万円を超えたら法人化を考えよう

❾ 不動産は現金よりも相続税の税率が低い

第3章

人の意見に流されるリスク

～情報収集時の護身術～

1 営業担当を信用して大丈夫でしょうか？

営業担当者より、会社の姿勢を見よう

　どんな業界にも「トップ営業」と呼ばれる人がいます。そういう担当者から買えば安心、と思っておられる方もたくさんいらっしゃるかもしれません。もちろんトップ営業と呼ばれるからには、これまでたくさんのお客様と良好な関係を築いてきたと想定できますし、経験や商品知識も豊富だと思います。

ですが、担当者の言うことを頭から信じて任せてしまうのは危険です（かつて私自身も売上にこだわる営業担当者の一人だったからこそ言えることですが）。

収益不動産のオーナーになるということは、売却するその日までその不動産を持ち続けるということを意味します。いくら担当者が素晴らしい人で「この担当者なら信用できる！　この人から買いたい！」と思っても、その人自身が会社を辞めてしまう場合もあります。また、その担当者の社内での立場によっては、本人の意思ではなく会社から、あるいは上司から課せられたノルマを遵守せざるを得ないはずです。

彼らにとっては「お客様のために」というより、まず会社の方針に従うことが最優先となります。つまりここで大事なのは、担当者個人ではなく、**その会社自体がどのような方針なのか、また何を大切にしているのかを見極めること**です。

また、最初からだまそうと思って近づいてくる営業担当者も少なからずいます。「だまそう」というのは少し大げさかもしれませんが、少なくとも「買う人のことよりも自分の売り上げノルマが大事、そのためには多少のごまかしは平気だ」というタイプの担当者です。営業担当者というのは「営業」のプロですから、あの手この手で、相手の買いたい気持ちをそそります。

北向きの部屋の案内をして「南向きじゃないから、気に入らない」と言うお客様には「お勤めの方は夜遅い帰宅ですから、平日の日当たりは気にしません。休みの日はゆっくり寝たいはずですし、かえって日があまり入らないくらいのほうがいいんですよ」

と言い、南向きの部屋の案内をするときには

「これくらい日当たりがある部屋はバッチリ人気が出ますよ！」

などと言えるのが営業というものです。切り返しトークを幾通りも用意しています。

くり返しになりますが、彼らは不動産のプロというよりは、〝営業のプロ〟です。そのため、**不動産については自分自身で調べたり勉強したりして自己防衛を図っておかなければならない**のです。営業担当者の言葉につられて自分の価値観がどんどん変わっていってしまっては、本末転倒です。

2 電話営業は受けないほうがいい？
～断り方と活用法～

営業担当はいいことしか言わない

不動産の情報を集めていると、営業の電話がかかってくることがあります。

当社は電話営業をまったく行っておりませんが、私自身もかつて電話営業をした経験がありります。また、販売されている物件の中には、電話営業がきっかけとなって取引を開始したものも多くあります。

ですが、不動産投資の電話営業には十分お気をつけください。担当者の言葉だけを聞いていると、セミナーなどと同様、いつの間にかその言葉を信じたくなってしまいます。くり返しになりますが、**営業担当者というのは、売ることが仕事です。電話口で「いいこと」しか言わないのは当たり前です。**みなさんが耳を傾けてくれるのを虎視眈々と狙っていることをお忘れなく。

誰も教えてくれない、電話営業の本当の目的とは？

そもそも電話営業の本来の目的は、不動産投資に対して知識のない方を見つける「作業」です。知識も経験もある方なら、ご自身で能動的に物件を探しているはずです。ただ、そうした方たちは「目的」も明確ですし、物件に求める条件も当然厳しくなります。いわばセミプロ、あるいはプロとなるわけで、ご購入いただくまでに相当な時間を要します。販売会社からすれば、決してコストパフォーマンスのいいお客様ではないのです。

一方電話営業は、無作為に大量のコンタクトを取りながら「不動産投資を検討したことがない方」に当たるまでかけ続けます。中には「また話を聞きたいな」と思う電話営業があるかもしれません。ただ、**基本的にきっぱりお断りしましょう**。営業担当者の目的は思惑通りの物件を売ることです。**みなさんの「目的」をくみ取ってはくれません**。

「今は結構です」と、やんわり断ってしまおうものなら、相手は言葉尻を前向きに捉えて再度コールをしてきます。「もう、かけてこないでください」とハッキリ伝えて相手に「わかりました」と言わせてから電話を切るのがポイントです。

仮に情報がほしい場合は、「こういう物件を探しています。あったら連絡をください」と言っておくのがいいでしょう。

当社のお客様の中にも、情報収集先として電話営業をうまく使っておられる方がたくさんいらっしゃいます（例「××のエリアで、予算これぐらいの土地情報なら探しているけど、御社で情報持っていますか？」「今、△△のアパートを検討しているけど、あなたはどう思いますか？」など）

ただ、ご自身よりも知識量・情報量が多いと認めた相手としか話さないなど、ご自身の中で基準を決めておられるそうです。

3 コンサルタントに依頼すると安心ですか？

高く売って自分の収益にするコンサルタント

最近、私宛てにこんな電話がかかってくることがあります。

「私のクライアントに不動産投資をやりたい人がいます。物件の紹介をお願いしたいのですが、成約時にいくらの紹介料をいただけますか？」

電話の主は、「不動産コンサルタント」を名乗る人物です。

当社は不動産の売買、仲介も積極的に行っていますから、直接当社に来ていただければ、いくらでも物件情報はお出しします。

ただ、間に人が入って、そこに紹介料が発生するというのは、どうも腑に落ちません。当然いつもお断りさせていただくのですが、中にはこんな具体的な方もいました。

「御社の売り主物件に200万円上乗せして売ってきますので、差額の200万円を私にいただけますか」と……。

要は、買い主にあらかじめ200万円高い金額で物件を紹介して、その分を自分が取りたいということです。もちろん即答でお断りしました。

なぜならそのコンサルタント（を名乗る方）は、買い主の利益をまったく考えていないからです。

コンサルタントとは、クライアントの利益を最優先するものだと思います。にもかかわらず、その真逆をいく発言に、どうにも腹が立ってしまったのです。

しかも当社は管理主体の会社であり、「販売時にはできる限り低価格で利回りを確保してお譲りさせていただく代わりに、取得後の管理をお任せいただく」というスタンスを採っている会社です。そこも把握せず、高く売るアプローチをしてきたことにも二重の腹立たしさが込み上げてきました。

まずはコンサルタントに頼らなくても済む知識をつけよう

世の中には、「自称・コンサルタント」がはびこっています。本を一冊読めばわかるような話を、有料でレクチャーしているということもあるようです。

物件購入後も、賃料収入の数%をコンサル料と称して受け取るという例も聞いたことがあります。

もちろん、信頼できる有能なコンサルタントもたくさんいらっしゃいます。ですが、まずは**みなさん自身がコンサルタントに依頼しなくてもいいだけの知識を身につけるほうが賢明**だと私は思います。そのうえで信頼できる不動産業者を見つけてエージェントになってもらうほうがずっと話も早く、余計な費用もかかりません。

それでもコンサルタントに依頼する方が後を絶たないのは、まだまだ不動産業者が「信用できない」「怖い」と思われている表れなのかもしれません。

当社は海外投資家向けにインバウンド業務もやっていますが、彼らから「日本での不動産売買契約が不安なため、引渡しまでコンサルとして同行してほしい」といったオファーを受けることがあります。異国の地ですから、言語や法律、文化の違いから不安になられるお気持ちは十分にわかります。

しかし、みなさんは違うはずです。にもかかわらず頼ってしまうというのであれば、それは単に「無知から来る不安」にすぎません。

大きな買い物ですからご不安を感じるのは当然です。しかし、「不動産を知っている人が隣にいれば安心」というのも妄信です。**そのコンサルタントが絶対に悪意なく、また、みなさんの味方である保証はありません。**先ほどご紹介したコンサルタントのような方もいるのですから。

4 不動産投資セミナー、どう選んだらいいですか？

セミナーの場で購入を即決しない

不動産投資の勉強と言えば、先ほどお伝えしたように、セミナーへ参加することも有効な手段の一つです。ですが、くれぐれも**その場の勢いで不動産購入を即決することはなさらないようご注意ください。**

そう聞くと「まさか、セミナー会場でそのまま不動産を買うわけないでしょう」と笑われるかもしれませんが、案外よくある話だったりします。

現在開催されている「不動産投資セミナー」の多くは、不動産販売会社が主催しているものです。社員が講師を担当しているケースもあれば、プロ講師を招いて講演しているケースもあります。ただ誰が講師を担当していようと、そのセミナーの最終的な着地点は「買ってもらうこと」です。この章の1項で紹介した〝営業のプロ〟が会場で営業を展開するわけですから、乗せられてしまえば購入を即決することもあり得るのです。

招かれている外部講師もまた、不動産投資にまつわる「講演業」のプロです。主催している販売会社の商材や意向を反映させて、うまい構成と話術でおもしろおかしく話します。それを予備知識の少ない人が聴けば、ある種洗脳されていくのも納得できます。正直なところ、幾度もセミナーで講演してきた私でさえその気になってしまうことがあるほどです。

また私のところにも、「プロ講師」と名乗る方から「御社の意向に合わせて講演いたします」といった売り込みがよく舞い込みます。当社の場合は、特に販売する目的のセミナーではないためお断りしていますが、第三者が講演するということで参加者に安心感を与える効果はあるだろうと思います。

こうしてセミナー本編で投資熱の上がった参加者は、「個別相談会」で一気に購入する流れに乗せられてしまうわけです。賑やかで活気のある会場内、ほかの参加者もこぞって「個別相談会」に参加している、これらはさながら「即売会」のような空気ですから、冷静な判断がしにくいのもうなずけます。

ただ、冒頭でも申し上げたように「その場の勢いで」大きな決断をするのは大変危険です。「いい話を聞いた！　自分でもやりたい！」、こうした熱を一度クールダウンして考えてみましょう。

ご自身の「目的」と、そのセミナーで紹介された物件は合致しているでしょうか？　不動産投資セミナーへ参加するときのコツは**「自分の目的」をきちんと定めたうえで、あくまで情報収集の場に止めておくこと**です。

目的が明確でない人は、個別相談を利用しよう

仮にまだ「目的」が明確でない方なら、その「目的」を決めるために、セミナーの「個別相談」を利用してみるのも一つの手だと思います。逆にその個別相談でみなさんの「目的」のお話を遮って、自社物件ばかりをプッシュしてくるようなら、そのセミナーはおすすめしません。いつの間にか「相談」の場が「商談」の場にすり替わってしまう典型例と言えます。

決して不動産投資セミナーに行ってはいけないと言っているわけではありません。むしろ、事前勉強が終わって、具体的に物件を探す時期に入っている方なら、物件を推すセミナーでも有用と言えます。大切なのは、現在のご自身に合っているセミナーかどうかです。

とはいえ、かなりの数のセミナーが開かれていますから、どのセミナーがご自分に合っているのかわからない、と思われるかもしれません。私のところにも、お客様から「ど

のセミナーを受けたらいいですか？」というご相談をいただくくらいです。

不動産セミナーを見極める際、**代表または役員、幹部など、きちんと会社の姿勢・理念を語れる人物が登壇しているかどうかは、大切なポイント**です。

登壇するのが営業担当の方でもいいのですが、先ほど述べた通り、営業担当はあくまで〝入口〟にすぎません。みなさんが付き合うことになるのは、「会社」そのものですから、具体的な情報やメソッドに加えて、その会社の姿勢や考え方も聴けるセミナーを選ぶのがベターだと思います。

5

成功者の話を聞くのはためになりますか?

~「再現できるかどうか」に注目を~

仲間の話はあくまで情報収集の一つ

昨今は「オーナー交流会」のような集まりも大変増えてきました。参加していろいろな方から体験談を聞くのはとても価値あることです。大家業もなかなか孤独なものですから、投資家仲間との交流は支えになることも多いと思います。

ただ大前提として、**「その人が成功したかどうかは、今はまだわからない」**ということを頭に入れておいてください。交流会に参加される投資家の方たちは、きっと「現在うまくいっている方」ばかりだと思います。「痛い目にたくさん遭ったけれど、自分はこのようにして成功できた」「××のパイプを使って融資を引くことができた」といったアツい話をたくさん耳にすることになるでしょう。そして、「あなたもこうしたほうがいい」と、自信に満ちた声色で教えてくれることでしょう。

その方たちに悪意はないはずです。自分なりのメソッドを、純粋に教えてくれていると思います。ですが、その方々の価値観とみなさんの目的は本来一緒ではありません。「純資産ベースで10億円つくろう」「年間3000万円のキャッシュフローを稼ごう」と言われても、それが本当に自分の目的と同じなのか、常に冷静に考えるべきです。「万が一のときご家族に大きな借入が残ってしまうかもしれない」「修繕費を家計から出さなければいけないかもしれない」といったリスクを許容できますか？　不動産経営を時間軸＝「線」で見通して判断できていますか？

「その人の話が再現できそうか」を大切にする

私はこうした体験談やサクセスストーリーを聞く際の一つの指標は、**「再現性があるかどうか」**だと考えています。その成功体験を話している方は、みなさんとまったく同じ条件の方なのでしょうか。ただ「普通の会社員である」というだけでは条件が広すぎます。参考にはできても、そこに「再現性」がないのであれば、それはあくまで「その人の場合はそうだった」にすぎません。

所得、勤務先、資産状況、家族構成、物件の志向、購入する時期など、みなさん自身がお持ちの固有の条件は唯一無二です。したがって、本来は目的やプランもまた唯一無二でなければなりません。決して交流会自体を否定するわけではありません。あくまで**「参考事例を収集するための場」という使い方をするのがベター**だと思います。

まとめ

❶営業担当者個人の話より、その会社の方針を見極めよう

❷電話営業の目的は「知識のない人」探しである

❸コンサルタントがすべて味方だとは限らない

❹セミナーで即購入はＮＧ。あなた自身の目的がすべて

❺オーナー同士の交流会、ポイントは「再現性」にあり

第4章

物件の判断基準にまつわるリスク

～物件の見分け方～

1 物件は新しければ何でもいい？

～今の家賃より、10年後の家賃を考えよう～

今の家賃は5年後、10年後に変わっている

新築区分・一棟物件の購入を検討された経験をお持ちの方が少なからずいらっしゃると思います。たとえば、よくあるのが次のような事例です。

・新築ワンルームマンション／設定家賃10万円

自己資金10万円で30年間ローンを組んだ場合の月々のローン返済は10万円、つまり自己負担なしで、30年後にはこの家賃10万円が年金代わりの収入になります。

この中に隠された「ウソ」がおわかりになりますか？　そう、家賃10万円がこの先永遠に続くことを前提に計算されているところが大きな落とし穴なのです。新築物件は多少賃料が高くても、入居希望者が多いものです。しかし、**一人目の入居者が退居した後、その物件はもう新築ではなくなります**。

売買、賃貸を問わず、不動産のマーケットでは、「新築至上主義」が根強くあります。希少性が高いということは、需要と供給のバランスが需要側に傾くわけで、その分価格や賃料は上がります。これがいわゆる新築不動産に転嫁される「新築プレミアム」と呼ばれるものです。その建物・部屋のファーストユーザーになれるという付加価値、と言ってもいいでしょう。

ところが、当然建物は古くなっていきます。新築当時に設定していた賃料はそれに伴い下がっていき、ある一定ラインで落ち着くという動きを見せます。

同じエリア内で「新築」、「築10年」、「築20年」という、似たような条件の部屋の賃料を調べてみると、おおよそのイメージがつかめるはずです。投資用不動産を購入する際には、今の賃料だけでなく、**10年先、20年先の賃料についても予測しておくことが大切**です。

新築でなくなったときいくらで貸せるのかを考えておこう

また、新築プレミアムがなくなったとき、その部屋はいくらで貸せるのかも考えておく必要があります。賃料が30年以上も変動しないなんてことは絶対にあり得ません。**新築時の設定賃料を基準に収支を読んでも意味がない**わけです。確実に言えるのは、毎月の自己負担額がどんどん増えていくということだけです。

このようになることもきちんと認識したうえで、それでも「新築を選ぶ」のであれば、後悔することもないでしょう。**現在の収支だけを見て「毎月の自己負担が0円ならやれそうだ!」と始めてしまうことだけは避けてください。**

2 中古物件は利回りが高くてお買い得？
～オーナーチェンジ物件の落とし穴～

中古物件は設備の買い替えがあることをお忘れなく

中古物件を選ぶ理由とは何でしょうか。それは、新築に比べて価格が安いため、大きなリターンを期待できるからでしょう。

また、中古の場合、入居者がすでに居住した状態で物件を購入する場合が多いと思います（これを「オーナーチェンジ物件」と言います）。購入する側からすれば、すぐに賃料収入が入るというメリットがあり、空室の物件よりも好まれる傾向にあります。

ここまで聞くと、「じゃあ中古のほうがいい」となりそうですが、事前に部屋の中を確認できないまま購入することになるため、設備交換などの費用がすぐに発生する可能性も十分にあります。そのコストを常に考慮しておかなければなりません。主な物で言うと、エアコン、給湯器、システムキッチン、ガスレンジなどです。

その部屋にどんな型式の設備があって、どんな状態なのか、買い主は売り主を通してヒアリングする以外に手段がありません。引渡しの当日に入居者から故障の連絡があり、即交換・出費が発生するという笑えない話もあるくらいです。

中古物件の場合、**基本的には備品をすべて交換する可能性があることを前提として収支のシミュレーションを立てておくことをおすすめします。**

全15室ある一棟中古物件が販売価格より300万円安く買えたと喜んでいても、15室分の修繕費・設備交換が発生した場合、一戸あたり20万円程度は容易にかかりますから、値引き額300万円はすぐに霧散してしまいます。売買に関わる目先の金額だけではなく、顕在化していない費用も見込む習慣をつけておくようにしましょう。

当社でも、この点への注意喚起も含めて「物件は古くなるもの」と現場で実感していただくべく、工事部主体のバスツアーを企画しています。費用の感覚や修理箇所を現地で学んでいただいたほうが、理解が早いためです。

滞納者にも注意を払おう

中古物件、特に一棟中古物件の場合、もう一点注意を要するのが、**現在の入居者の滞納状況**です。区分の場合は、ある程度しっかりした管理会社がついていることが多いため、そこまでひどい滞納が発生していることはまれです。

対して一棟の場合、古くからの地元不動産会社が管理していることも多く、督促・回収も行われないまま居座っている入居者がいたりもします。そうなると、取得してすぐに裁判費用や強制退去の費用がかかることにもなりかねません（滞納者の対応については197ページ以降で解説します）。「フタを開けてみたら……」ということにならないよう、こうした部分も取得前に目を光らせておく必要があります。

3 中古一棟物件を買うときは、どこをチェックすればいいですか？

一棟のチェック項目はこれだけある！

さて、実際に物件を見る際は、一体どこを見ればいいのでしょうか。

区分マンションの共用部は、建物管理会社さえ入っていれば、管理が行き届いている場合が多いものです。そのため注意すべき点は、ある程度専有部分に限られてきます。

ただ、一棟物件の場合、見なければならないポイントは無数に存在します。むしろ管理がよく行き届いた売り物件に出会うことのほうが貴重かもしれません。

館銘板《かんめいばん》（物件名が記載されたプレートなど）がなくなっている、手すりが腐食して今にも落ちそう、排水溝が泥や枯葉で埋まっている……こうしたことは日常茶飯事です。排水溝から木が生えていたこともありました。流れてきた種が、そこで芽を出して木に成長するまでの間、誰も清掃をしなかったということなのでしょう。そこまで来ると、むしろ感動すらしてしまいます。

廊下に設置してある消火器の製造年月日が20年も前のものだったということもありました。消火器の使用期限は10年です。いったいいつから取り替えていないのか……。半年に一度の消防点検は法律で定められているはずなのですが、それすらできていない物件も相当数あるというのが正直なところです（特に災害時・緊急時に入居者の生命に関わる部分にコストと手間を掛けられないようであれば、それは不動産経営から早々に撤退すべきだと思っています）。

そんな状態であることを承知のうえで安く購入ができ、取得後、その分コストを掛けて直せるというのなら、それはまだ許容の範囲内かもしれません。後で露見しようものなら、キャッシュフローを生むどころか、マイナスからのスタートとなってしまいます。

また、このような管理不備以外にも、チェックしておきたいポイントがあります。

図5をご覧ください。一棟の場合、実にこれだけのチェック項目が挙がります。

しかし、これらの確認すべてをみなさん個人で行うのは現実的には大変難しく、プロでなければ良し悪しの判断がつかない箇所も多々あります。

可能であれば、物件購入前に管理を委託する会社に同行してもらって、一緒にチェックしてもらうのがベターです。逆に仲介業者が現地確認に協力的でないような物件だとすると、何か見せたくないようなウィークポイントが潜んでいるのかもしれません。

図5　物件のチェック項目例

点検部位				チェック項目			
建物本体	1	物件館銘板		変色	錆び	損傷	紛失
	2	インフォメーションボード		錆び	損傷	その他	
	3	外壁	妻側(前面、裏面)	変色	チョーキング	剝れ	亀裂
	4		桁側(前面、裏面)	変色	チョーキング	剝れ	亀裂
	5	コーキング	妻側(前面、裏面)	破断	硬化	その他	
	6		桁側(前面、裏面)	破断	硬化	その他	
	7	屋根、屋上		変色	錆び	損傷	剝れ
	8	雨樋		変色	損傷	はずれ	錆び
	9	廊下	床	損傷	剝れ	亀裂	水溜り
	10		柱	錆び	損傷	剝れ	歪み
	11		手摺	錆び	損傷	剝れ	歪み
	12		天井	損傷	剝れ	色あせ	雨漏り
	13		排水溝	損傷	詰まり	防水劣化	その他
	14	階段	本体	錆び	損傷	剝れ	防水劣化
	15		柱	錆び	損傷	歪み	その他
	16		手摺・目隠し	錆び	損傷	剝れ	歪み
	17	ガスチャンバー		錆び	損傷	剝れ	色あせ
	18	玄関	室名札	損傷	剝れ	紛失	その他
	19		ドア	変色	錆び	損傷	その他
	20		枠	変色	錆び	損傷	その他
	21		ポスト	錆び	損傷	その他	
	22	集合ポスト		変色	損傷	その他	
	23	テラス	軒天、フラワーBOX	変色	損傷	剝れ	雨漏れ
	24		土間コンクリート	損傷	亀裂	沈下	その他
	25		パーテーション	錆び	損傷	剝れ	歪み
	26		物干し金具	変色	錆び	損傷	剝れ
設備・施設	27	電気BOX		変色	錆び	損傷	その他
	28	照明器具(共用灯・外灯等)		変色	錆び	損傷	電球切れ
	29	火災報知器及び非常ベル		変色	錆び	損傷	不点灯
	30	消化器(消化器BOX)		変色	錆び	損傷	紛失
	31	枡	蓋、本体	錆び	紛失	詰り	その他
	32	散水栓	蓋、本体	錆び	紛失	詰り	漏水
	33	アンテナ・ケーブル	本体、支線	錆び	損傷	傾き	倒れ
	34	受水槽、増圧給水ポンプ	本体、ポンプ	損傷	漏水	異音	動作不良
	35	浄化槽	本体、ポンプ	損傷	漏水	異音	異臭
	36	プロパン置場		錆び	損傷	歪み	その他
	37	エアコン	冷媒管、ドレン	損傷	ズレ	はずれ	保温
	38	給湯器	本体・配管	錆び	損傷	漏水	保温
外構	39	ブロック・フェンス・アーチ		錆び	損傷	剝れ	落書き
	40	門扉・オートロックゲート		損傷	剝れ	動作不良	その他
	41	ゴミ置場		損傷	剝れ	亀裂	不法投棄
	42	植栽・花壇		損傷	傾き	伸び	枯れ
	43	土間	コンクリート	破損	落書き	亀裂	その他
	44		タイル・インターロッキング	破損	落書き	亀裂	浮き
	45	自転車置場		錆び	損傷	剝れ	歪み
	46	敷地周り		雑草	U字溝	放置物	隣地植栽張出
駐車場	47	駐車場	出入り口	亀裂	水溜り	段差	土砂流出
			区割	駐車No.不鮮明		ペイント不鮮明	
			車止め	剝れ	割れ	紛失	浮き
その他	48	宅配ボックス	本体	錆び	損傷	剝れ	落書き

4 物件の良し悪しはどう判断したらいい？

〜物件点数表の付け方〜

物件探しと勉強は別々に進めよう

当社は毎月開催のセミナー時に「個別相談」の時間を設けて、お客様とマンツーマンでお話をさせてもらっています。

その中で、不動産投資の勉強を始めたばかりの方にお会いすることがあります。そのとき私たちは必ず、

「勉強や下準備は、ゆっくり時間をかけてやりましょう」

とお伝えしています。

初心者の方は気持ちが先行してしまって、事前勉強と物件探しを同時に行われていたりします。ですが、これまで述べてきたように、収益不動産を取り巻く業界には、大小様々な「ウソ」が存在しています。それを見抜いて、自分にとって正しい情報を選別していくためには、事前勉強は必要不可欠です。ですが、この勉強と物件探しを、最初から並行させることはおすすめしません（よほど特別な事情で買い急いでいるわけではない限り、ですが）。

事前勉強の期間とは、**自分自身がなぜ不動産投資を選ぶのか、不動産投資を始めたとして、本当にリスクを負うことができるのか。それをもう一度見つめ直す時間**だと思うからです。

物件の点数表を活用しよう

ある程度事前勉強が終わったと感じたら、次は、希望する物件の条件をどのように設定していくかという段階です。

その際、図6のような「**点数表**」をご自身でつくってみることをおすすめします。

点数表の項目としては、たとえば以下のような項目が考えられます。

全20項目、点数は5点を満点とする5段階評価、全項目満点なら100点となります。

点数の配分・つけ方について迷ったときは、「**一般的に考えて、多くの人はどちらを選ぶか**」という基準で考えてみてください。また、ほかにも気になる項目があれば、ぜひカスタマイズしてみていただきたいと思います。

たとえばバルコニーの方角が南向きであることにこだわりがあるのなら、方角についての項目と点数設定を増やすなどしましょう。

全体で100点満点になるように設定をして、合格ラインを決めておきます。

図6　物件点数表（区分・一棟共通）

項目		点数				
		1	2	3	4	5
①	所在地の評価					
②	最寄り駅からの徒歩分数					
③	最寄り駅の路線					
④	最寄り駅の駅力（乗降客数や駅ビルの有無など）					
⑤	築年数					
⑥	専有面積＊＊㎡以上か					
⑦	総戸数＊＊戸以上か					
⑧	ネット利回り					
⑨	購入価格の近隣相場との比較					
⑩	賃料設定の近隣類似物件との比較					
⑪	室内設備					
⑫	共用設備					
⑬	現在の入居者情報					
⑭	修繕履歴（または積立金の総額）					
⑮	建物管理会社の実績・評判					
⑯	管理人の勤務状況（不在の場合はなし）					
⑰	共用部の清掃は行き届いているか？					
⑱	周辺環境はビジネスゾーン？キャンパスゾーン？					
⑲	最寄り駅から物件までの環境					
⑳	物件周辺の騒音					

業者から得る情報をサンプルに、ご自身で使いながら何度か考査をくり返し、慣れておく必要があると思います。

「80点なら買う」など、自分の基準を決めよう

ここまで準備が整ったら、実践のステップに入ります。「点数表」に基づいて物件の評価判断をスピーディーに行いましょう。

100点満点の物件が現れることはほぼあり得ないので、**「80点以上なら買いに手を挙げる」など、行動基準をはっきり決めておきます。**

ここで大事なのは、**決めたことに従うということ**です。78点だけど捨てがたい……などと迷わないことがコツです。「合格ラインに達していないもの＝目線から外れているもの」としておかなければ、せっかく定めた判断基準の意味がなくなってしまいます。

ここでは「待つ」ということも大事なポイントなのです。希望の球種が来るまでは絶対にバットを振らないという感覚に近いかもしれません。貴重なカウント数（＝不動産

で言えば金融機関の融資枠でしょうか）を見せ球で減らされてしまうわけにはいきません。

そうこうしているうちに、合格ラインを超える物件がついに現れたとします。

このときには素早く「買いたい」と手を挙げる必要があります。特に**90点以上がつくような物件は、おそらくほかの人にとっても「買いたい」物件であるはず**です。すでに競合相手が複数いるとみて間違いありません。ゆっくり検討しているうちに売り止めとなってしまいます。

より詳細な資料がほしい場合は、**買い付ける条件の中に、「詳細資料確認を条件とする」と付け加えておけばよい**のです。（151ページ・第5章の6項「買い付けを入れるときのコツはありますか？」をご参照ください）。

本来あまりおすすめすべき順序ではありませんが、すべてを把握してから買い付けを入れるという段取りでは、現在の市場速度に対応できないのが現実です。**「おいしい物件」は、一日単位どころか、数時間・数分単位で買い手がついてしまいます**。遅れをとらないためにも、手順はできるだけ簡素にしておくべきでしょう。

5 駅近物件vs駅遠物件

その物件で自分の目標が叶うかどうかが大事

みなさんが収益不動産のオーナーになるとしたら、やはり「駅近の物件がいい」と誰もが思われるでしょう。自分が部屋を借りるときのことを考えても、駅からの近さは大きな魅力の一つです。

実際に駅から近い物件のほうが、明らかに賃貸付けが容易なことはデータが証明しています。また、駅近物件のほうが高めの賃料設定が可能なことは言うまでもないでしょう。

いいことばかりのようですが、その分物件価格は高止まりしていますので、当然、利回りは低くなります。

なんとなくイメージだけで「駅近物件がいい」とは思い込まず、利回りなどから総合的な判断をして、その数字が自分の目的に適っているかどうかを確認するクセをつけましょう。

最も大事なのは、**その物件によって自分の目標が叶えられるかどうか**にあるはずです。

駅から近いほうが、物件としていいのは当然です。ただ、その分価格と賃料、空室率の差も考慮に入れ、価格の低さによって利回りが大きく上振れするのであれば、それは検討の余地があると思われます。

賃貸需要がどこに依存しているかを考えよう

注意したいのは、**大学のキャンパスそばの物件や大きなメーカーの工場・研究施設な**

どのそばの物件です。駅からは遠くても、確実に賃貸需要はあるからと安心していると、大学や工場の移転が決まり、賃貸需要そのものが崩壊してしまう例も多くあります。特に少子化が進んでいる今は、郊外の大学キャンパスを閉鎖して都心に移転することも多くなってきており、購入を検討される際には移転などの話が出ていないかどうか、地場不動産業者などから裏を取っておいたほうが無難です。

さらに、**その物件の賃貸需要の大半をどこか一箇所の施設に依存している物件は、可能な限り避けたほうがいい**ように思います。たとえ現状満室でも、それはその物件（あるいはそのエリアが持つ）本来の訴求力ではない可能性があるためです。

そのほかに大規模なショッピングモールや総合病院など、明らかに賃貸需要が一極に集中していると考えられる場合には、地場賃貸業者などへヒアリングを行うのもいいかもしれません。仮にその施設が撤退したらどの程度影響を受けるのか、その施設がなくても賃料を下げれば反響が読めるのか、といった具合です。

くれぐれも**「現在満室」だけを妄信せずに、もう少し長いスパンで賃貸需要を探っていただきたい**と思います。

6 都心物件VS地方物件

「慣れ親しんでいる場所」という理由だけで選ぶのはNG

利回りの面から言えば、依然として地方物件にも根強い人気があります。取引価格が高止まりしている都心物件に比べれば、キャッシュフローのメリットも大きく、人気があるのもうなずけます。

まれに、地方出身の方で、地元の物件を選ぶ方もいらっしゃいますが、慣れ親しんでいる土地は先入観が入りやすく、投資対象として冷静な判断がしにくくなっているケースもあります。ご自身が地元を離れてから長い時間が経過しているにもかかわらず、当時の感覚でご購入を決めて、賃貸相場を見誤ってしまうという方も多く見てきました。

不動産投資が抱えている大きな潜在的リスクは「**少子化**」、または「**急激な人口減**」です。確実に人口が減っていく中、マーケット内での供給が過剰になることは間違いありません。

本書で何度もお伝えしているように、不動産投資というのは「長く持ち続けること」が前提です。今はよくても、**10年後、20年後、その場所で部屋を借りる人が存在するのか？　究極的にはそこまで考えておく必要があります**。

日本の地方都市の中で空室率が低いのは、２０１５年の統計上、宮城県と沖縄県とされています（データによって多少の誤差はあります）。

では、宮城県と沖縄県でなら不動産投資をしても安心か、と言われると決してそうとは言えません。宮城県の空室率が大変低いのは、東日本大震災で多くの建物が倒壊し、部屋数が減ったためです。人が増えたわけではありません。

また、沖縄県の空室率が低いのは、米軍基地関係の従事者やその周辺雇用があるのに対して、供給数が足りていないためと考えられます。今後、基地の移設などがあれば、その事情は大きく変わってしまいます。

実はこれは、沖縄県に限ったことではありません。

2014年5月に改定された「都市再生特措法」では、各自治体が「立地適正化計画」を作成できることになりました。誤解を恐れずに言えば、オフィシャルに**「商業や居住を意図的に誘導する地域」と「そうでない地域」とに分けることができる**、ということです。人口・税収が減るなか、自治体も広範にわたって行政サービスやインフラ維持を行っていくことは大変困難です。したがって、それを集中させるエリアを決めるというわけです。

「不動産経営」という事業を行ううえで、こうした国の施策に目を配っておくことも大変重要です。

まとめ

❶今の賃料より、5年後10年後の賃料を意識しよう

❷中古物件購入の際には、＋３００万円必要だと考えよう

❸物件を見る際は、消火器や排水溝をチェックしよう

❹物件の点数表を活用し、自分なりの基準点を定めよう

❺賃貸需要が一箇所に集中する物件は注意

❻「思い入れのある場所＝成功する物件」ではない

第5章

購入時に知っておきたいリスク

～物件購入時のポイント～

1 物件の情報収集って何から始めたらいいんですか？

「ほしいものは何か」「できることは何か」を考える

不動産を保有する以上、誰もが「着実に稼ぎたい」と考えるのは当然のことです。そのためには、みなさんが、ご自分の目的から導き出された「自分のほしいもの」をちゃんと知っておく必要があります。60歳になって定年になった後に、月々10万円の収入がほしいのか、来月からすぐにでも月30万円の収入がほしいのか。次に、そのためにはどんな物件を買う必要があるのか。利回り、空室率、価格、さらに自分が組めるローンの額、現金はいくら出せばいいのか。このように、客観的に「目的」と「自分ができること」を自覚していなければなりません。それが「賢い買い主」への第一歩となります。

ここまでできていれば、自分が買いたい（買える）物件のイメージが明確になってきているはずです。そうなれば、あとはそれをどんどん拡散していくだけです。「こういう物件を探しています」「こういう物件があれば声を掛けてください」と、業者や会員制サイトをフル活用していくわけです。

この際、**できる限り多くの業者とコンタクトを取ったほうがいい**でしょう。会社規模は関係ありません。街の小さな不動産屋がピッタリの仲介情報を持っていることもありますので、できるだけ広く情報収集に出かけましょう。

情報が入るパイプをできる限り広げよう

売り情報を預かった不動産業者は、その情報の公開までに約一週間の猶予があります。

いわゆるおいしい案件は、この期間内で話がまとまってしまい、市場に出てくることはまずありません。業者側も一度公開してしまえば両手（206ページ・第7章の1項「仲介会社とどう付き合えばいいですか？」をご参照ください）のチャンスを逃しかねないため、この期間内に売りと買いの情報を必死でマッチングさせます。

こうした業者心理も逆手に取りながら、情報が入るパイプを可能な限り広げておくことです。「こういう物件があればすぐに情報をください。即検討します」とメールや電話で周知しておくことで、**複数の業者の「買い主候補リスト」の上位に入れてもらっておく**、ということです。

ただし、このやり方をすると、とにかくたくさんの不動産業者と関わりができるため、本来の目的や目線とは違う情報でアプローチされることも自然と増えます。「ご希望とは少し違うんですが、良い物件なので一度提案させてください」「少し価格は高いんですが、掘り出し物です」といった具合です。そんなときに、自分の条件に合わないものをきっぱり断れる基準がなければ、業者の思惑に引きずられてしまいかねません。とはいえ、すべてご自身でこれを行うことは容易ではありません。

ここでも、物件情報収集に長けた「パートナー」を数社見つけておくことが重要となります。

2 空室率が高い物件は選ばないほうがいい？

～「掘り出し物件」の見分け方～

手を加えれば「おいしい物件」に変わることも

以前、自社で購入した物件にこんなものがありました。

人気エリアで駅からも近く、構造や間取りも周辺と比較して平均的で、賃料も相場通りです。しかし、なぜかそれほどの好条件にもかかわらず、この物件は12室中3室しか埋まっていません。近隣の類似物件がほぼ満室稼働しているにもかかわらず、です。

さて、何が原因だったのでしょうか？

現地調査をしたところ、一階に入っているラーメン屋のにおいが部屋に入ってきて非常に臭いということがわかりました。これまでも内覧希望者はたくさんいたそうですが、臭気を理由に申込みが撤回になったり、入居後、短期間で解約になるケースが頻発したそうです。

実はこういう物件は、簡単に「おいしい物件」に変わる好例です（133ページの図7参照）。ラーメン屋から出る排煙を排気ダクトで屋上まで逃がしさえすれば、空室が埋まることはほぼ保証されているようなものです。そこで、ダクトの設置費用や設置箇所を確認して買い付けを入れました。この物件は現在、満室で稼働しています。こんな**ほんのちょっとしたことで空室率が大きく好転する物件が、ときどき数ある情報の中に紛れていたりするもの**なのです。

反対に、空室率を改善するために「ムダな」努力をしてしまうオーナーもいらっしゃいます。よくある例は「オートロックをつければ、女性も入居してくれるんじゃないか？」という発想です。確かにオートロックは、あるに越したことはありません。しかし、初期の導入費用もメンテナンス費用も相当かかるものなので、将来にわたって賃貸経営の収支を圧迫する原因の一つにもなります。それよりは、入居者を募集する際の賃料を見直したほうが圧倒的に早いという例も少なくありません。

空室率を改善する一番確実な方法とは？

設備や内装を変えて空室を解決できるかどうかは、実はケースバイケースです。そのエリアでメインとなる入居者層をしっかり見極めて、その層にリーチするためには何をすべきか？　と考えるほうが現実的です。

空室率を改善する一番確実な方法は、賃貸付けの業者に通常以上のインセンティブを付けて客付けを依頼することです。入居者を見つけてほしいオーナーと、入居者を見つければ報酬がもらえる業者は「目的が一致」しているので、同じ方向を向いて頑張ってもらうことができます。そのため、遠からず成果も出してくれるはずです。

図7 「おいしい物件」に変わった事例

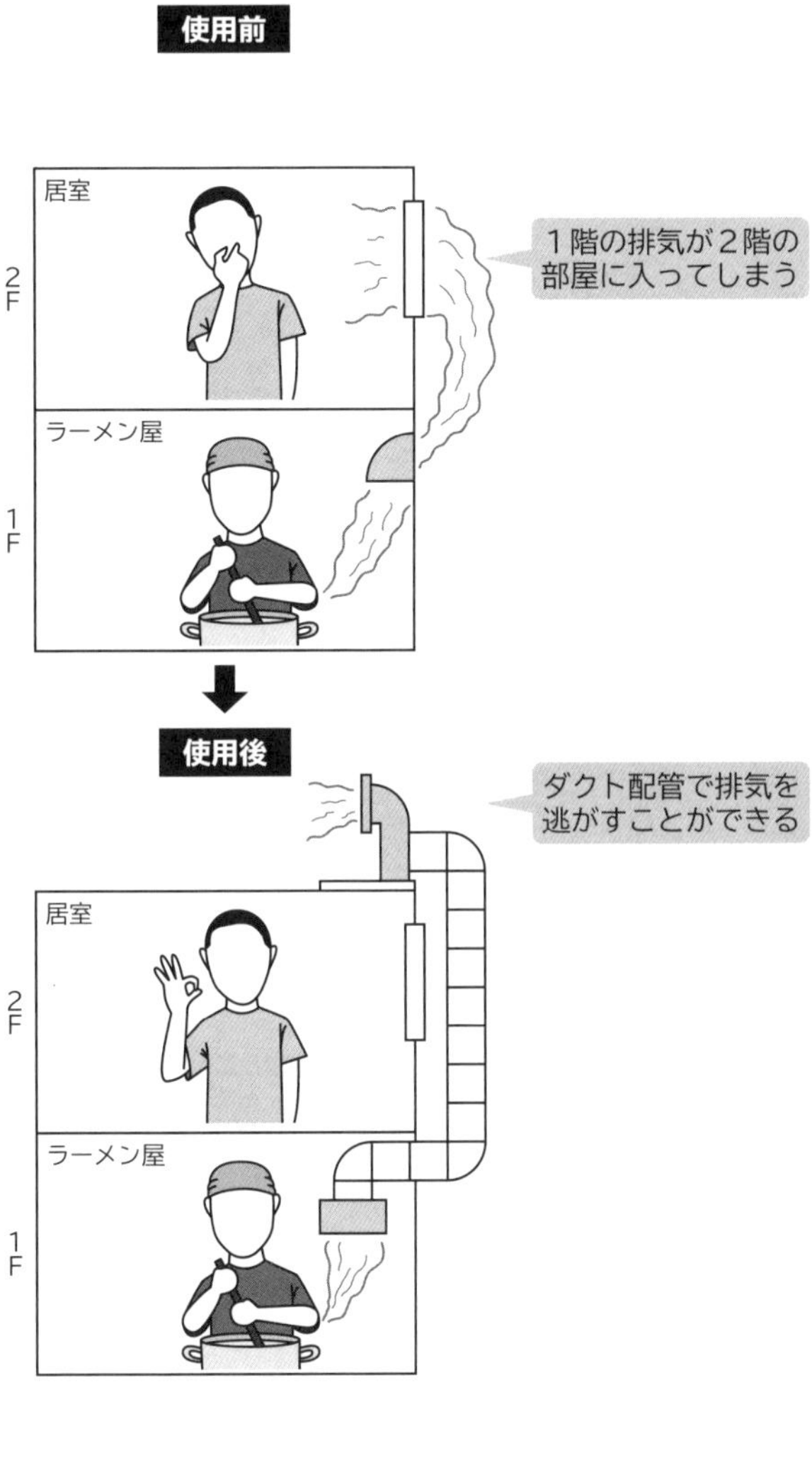

3
「家賃保証」だと安心ですよね？
～家賃保証のからくり～

「借り上げ保証」は家賃まで保証するわけではない

広告などで「安心の30年間一括借り上げ保証！」といったコピーを見かけることがあります。内容を読んでみると、「頭金ゼロで30年のローンが組めて、毎月の家賃収入でローンを返済できる。しかも家賃保証だから安心。30年後にローンを完済した後は家賃収入が年金代わりになる」と、いいことずくめです。

もちろん、広告に載っているわけですから、ウソではありません。

ただ、ここにはちょっと危険なフレーズが含まれています。

「30年一括借り上げ保証」という言葉です。

これはつまり「30年間、借り上げることを保証します」と言っているだけで、「いくらの家賃で借り上げるのか」については触れられていません。たいていの場合、数年に一回、借上賃料の見直しがあるというのが通例です。

つまり、**新築当時には10万円の賃料が取れる部屋でも、2年目には8万円に下がってしまうかもしれない**ということです。

30年間「保証はしてくれる」こと自体は頼もしいことではありますが、この段階で、当初のシミュレーションは成り立たなくなります。

普通に考えれば賃料は下落していくわけですから、保証賃料の見直しも定期的に来るものと考えて間違いありません。いざとなって「計算が違った！」「だまされた！」ということにならないために、あらかじめ考慮しておきましょう。

では、借上賃料も定額で保証してくれる会社なら安心なのでしょうか。

先日、「30年間定額で家賃保証」といううたい文句で販売している会社を見て非常に驚きました。

私たちのような管理会社からすると、**30年先まで同じ賃料を保証するということは経営リスクそのもの**です。「この会社はお客様のことを考えて、困難なことにチャレンジするいい会社だ！」とは、正直思えません。その会社が販売するための方便として無理な家賃保証をしていった結果、それが経営を圧迫することのほうが気になってしまいます。会社が潰れれば、家賃保証の契約も当然消えてしまいます。安易な目先の条件も転じればリスクになりかねません。

家賃保証のウラにあるからくり

また、管理部門を持つ販売会社などで見られるのがこんなケースです。

「相場賃料は10万円なのに、12万円で2年間家賃保証します」。

一見ありがたいな、と思いますが、実はここにも「からくり」が存在します。その**家賃保証額を販売価格にあらかじめ転嫁してある**のです。

相場賃料と保証額との差額2万円×12ヶ月×2年の合計は48万円です。家賃保証の対象物件ということで物件価格を１００万円上乗せして売れば、販売会社にとっては保証額をペイしたうえに52万円プラスになっているわけです。家賃保証のウラには、こうしたからくりが潜んでいたりもします。

決して「家賃保証をつけるな!」ということではありません。空室リスクを考えて、無収入状態だけは避けたいからつけておくというのは問題ありません。

ただし、家賃保証額がいつまでも続くと思いこんだり、あるいは高額の家賃保証と引き換えに相場より高い価格で購入してしまったりすることのないように冷静に考えてみてください。**夢のようなシミュレーションを見ても、いずれはこの通りにはいかなくなるという想定はしておいていただきたい**のです。

先にも述べましたが、現状の「点」だけを見て不動産投資を始めても、いつか必ず想定は崩れます。**長期運用が基本である以上、「線」という時間軸を意識できてはじめて収入増という成功へ近づくことができます**。逆にそこを意識できなかった方は、「不動産投資は怖いもの」と決めつけてしまいます。

しかし、私からすると長期運用であるからこそ、不動産投資はそんなに怖いものとは感じません。**時間を味方につけられるからこそ、リカバリーも効く投資**だと思っています。リスクを理解したうえで始めれば、大きな損をすることはほとんどないと言ってもいいくらいです。少なくとも、シビアに見ていれば、想定内の利益は確実に出すことができます。

4 「満室想定」はどこまで信用していいんですか？

「満室想定」の家賃は、売る側の希望的観測である

「満室想定」という言葉をご存じでしょうか。これは文字通り「その物件が仮に満室になったら」という想定の家賃を指します。一棟物件の販売資料などでよく見かけるキーワードですが、ここにもご注意いただきたいポイントがあります。

たとえばこんな事例で考えてみましょう。

すべて同じ間取りの10室の一棟アパートがあります。現在埋まっているのは4室で、その賃料は部屋ごとに違っており、5万円、5万円、5万3000円、5万8000円となっています。

さて、残り6室の空室の賃料は、どのように設定されているのでしょうか。

実は、現況一番高い賃料の5万8000円で計算されていることが多いのです。実際にその賃料で貸せるかどうかの検証はされないまま、「今貸している最高額」がそのまま満室想定の計算に使われてしまうのです。その最高額の部屋は何年前から付いているのか、募集時期はいつだったのか、現況の相場賃料はいくらなのか。ざっくり言えば完全に無視されています。

これが複数の間取りで構成された一棟だと、もっと厄介です。

一棟のマンションの中で、最上階の部屋だけが広く取ってあるという物件がたまにあります。その部屋はオーナーの自宅として使われていることが多いのですが、オーナーが物件を売るとなった場合、その部屋も賃貸に出すことになります。そのときの賃料想定が法外な場合があったりします。

たとえば、以前当社に持ち込まれた案件でこんなものがありました。

4階建ての最上階、ペントハウス仕様の4LDKで70㎡というオーナー居宅部分。相場賃料だとせいぜい10万円と考えられる部屋に、堂々と「想定賃料18万円」との表示があります。一見豪華に見える部屋ですが、この18万円というのは、あくまでも売り主側、またはその仲介会社の「希望にすぎない」ことが多く、購入検討者にとってはすでに〝ウソのレベル〟と言えます。

この「希望にすぎない想定賃料」がちゃっかり物件資料の利回りに含まれているわけですから、正直たまりません。仮に引渡しと同時にオーナーが退居、そこから募集を始めたところ、想定より8万円ダウンする可能性も否めません。

新築ではないことに加え、周りに比べて家賃が高いとみなされれば、入居者がつかず、家賃を下げざるを得なくなるからです。

そうなれば、期待していた利回りなど夢のまた夢です。相場10万円の部屋を18万円で募集しても、半年経とうが1年経とうが、借り手は見つからないでしょう。その間ずっと空室で賃料がまったく入ってこないという状態に陥り、結果的には落とした賃料でつけざるを得なくなります。

しかも、こういう案件の場合、キャッシュフローや利回りの大部分をこうした広い部屋の賃料が占めていることになりますから、余計に厄介です。

この「満室想定」という言葉、相当に注意が必要な代物というわけです。

販売資料の想定賃料は無視して考えよう

では、そのワナにひっかからないためにはどうすればいいのでしょうか？

極端な話、**販売資料に記載された想定賃料を完全に無視する**以外ありません。

現況賃料がいくらかなどを一切考慮せず、**「全部入れ替えて募集したら、いくらで貸せるか」を想定すること**です。

今は5万8000円で入居者がある部屋でも、その人が出て行った後、また同じ賃料でつけることは難しいかもしれません。ただ、ウェブに出ている近隣相場事例や地場不動産会社へのヒアリングの結果、5万円なら入居者付けが比較的容易というのであれば、相場から見たその部屋の実力は5万円であり、これが本当の「想定賃料」と考えられます。

この考え方は物件購入を検討する際だけでなく、みなさんが実際にオーナーとなってからも役立つはずです。非常にシンプルなことですが、**再募集するときのルールについて、賃貸付けを行う管理会社との間で意思共有をしておくこと**。空室期間を圧縮するコツはここにあります。

この意思共有ができていないと、5万8000円で貸したいオーナーと5万円で決めたい管理会社との間でモメることになります。しかしモメたところでいたずらに時間が過ぎるだけで、その間も空室期間は延び続けていきます。当然賃料は入ってきていませんから、結局延々と「空室損」を被るのはオーナーということになってしまいます。

賃貸付けは業者の力次第という面もありますが、現在の部屋探しの主流はウェブですから、それも加味して業者が付けやすい条件を調査しておくことも重要と言えます。

誰でもできる想定賃料の出し方

みなさんにもできる簡易的な想定賃料の出し方を以下にまとめてみました。

①**ネットで相場動向を把握しておく**……類似物件を検索して「安い順」の検索順位で上位表示される物件の賃料を参考値とする

②**物件周辺の賃貸業者を回って、どのくらいの賃料なら貸せるかをヒアリングする**……「○○円で貸せますか？」ではなく、「1ヶ月以内に賃貸付けするためにはいくらで募集すべきか？」と聞く

③**物件の最寄り駅から一番近いターミナル駅の賃貸業者にも②と同様の質問をする**……買い主が路線で物件を探す場合、その路線の起点となるターミナル駅の店舗へ来店するケースが多いため

5 海外投資家が日本の不動産を買うのはなぜ？

～ライバルは海外にあり～

都心物件を現金で買い付けできる海外投資家

ここ数年、海外投資家（特に中国、台湾）による日本不動産の購入が常態化してきました。呼び水となったのは、やはり２０２０年の東京オリンピックの決定です。

当社も２０１３年からインバウンド業務を開始して、その勢いを目の当たりにしています。

いわゆる「爆買い」と言われる彼らの投資スタイルは、価格上昇の兆しを見せ始めていた国内不動産を一気に高騰へと導きました。

その強みは圧倒的な資金力です。151ページの6項でも触れますが、**売り主は、早く確実に売却できる相手を優先します。**数億円という価格帯の物件であっても、融資を用いることなく現金で買い付けを入れられる、売り主に対してこのインパクトは絶大なのです。

彼らのメインターゲットは都心物件です。みなさんがもし都心での物件購入を考えるなら、必然的に彼ら海外投資家と競合することになります。

日本人の売り主の中には、海外の買い主との取引が不安という方もいらっしゃいますが、高くて早く、しかも現金一括で買ってくれるのなら話は別でしょう。

海外投資家が日本の不動産を買う本当の理由

また、都心新築の分譲価格が高止まりしている要因の一つに、デベロッパーが海外客を意識した仕様・価格設定を行うようになったことも挙げられます。

私たちからすると高価格に見えても、彼らの目から見れば自国の不動産に比べてまだ「お買い得」に映ります。デベロッパーがそこに商機があると見るのも当然です。結果、一般のお客様が入り込む隙はほぼなくなりつつあります。

港区を筆頭とする東京都心六区の地価、分譲価格も一段落してきたとはいえ、依然高い位置でキープされています。ただ、海外投資家が「投機的」な目的（第1章3項参照）で買いに走っているかというとそうではなく、**あくまでインカムを目的として利回りの出る範疇《はんちゅう》で買い進めている**のも特徴的です。

もともと割安に映っているうえに、円安によって購入コストを圧縮でき、かつ賃料水準が安定しているとなれば、投資対象としてまだ訴求力があるわけです。「高くなりすぎておいしくない」という感覚になっている日本人投資家との乖離は大きくなる一方です。

当社も海外で定期的にセミナーを行い、現地投資家とも数多く接してきました。その中でわかったことは、**中国・台湾客が海外不動産へ投資を行う根源的な動機は、自国の**

抱える不安要素＝カントリーリスクからの回避であるということです。

大前提として「賃料収入で儲ける」意図はありますが、資金を自国以外に分散して置いておくことも目的の一つですから、そもそも日本人投資家とは出発点が違います。

私たちにとっては当たり前の国内状況（政治、経済、貨幣価値、賃料水準など）も、彼らにとっては「安定」と映ります。「安定」を魅力として日本の不動産を求めているため、資金を置いておく場所として、積極的に日本へお金を移してきます。これが「爆買い」の背景です。

政治的な部分にはあえて触れませんが、台湾での通称「ぜいたく税」の導入、中国経済の失速、円安の進行、自国不動産の価格高騰・利回り低下、これらのタイミングが複合的に重なった結果、今のトレンドが生み出され、現在に至ります。

日本在住の私たちがよりよい物件を入手する方法とは？

さて、海外投資家と競り合うことが常態化した現在、みなさんはどういう姿勢を取っておくべきなのでしょうか。一時の嵐なら過ぎるのを待つのみですが、この嵐が必ず過ぎる保証はありません。

私がこの数年間、海外不動産の業務にも携わり、同時に日本のみなさんとも接してきた立場から考えるに、**「地の利を活かす」**以外にないと感じています。

ここで言う「地の利」とは、**物件情報を保有している業者とタイムリーにつながっておけること、融資の枠を常に確認しておき、即座に動ける体勢を取れること**、という2点です。日本人は日本人にしかできない即応力で対抗していくほかない、というのが私の結論です。

東京オリンピック後、不動産市場から彼らの姿が消えるのか、ごく当たり前の光景として市場に残るのか、現段階ではまだわかりません。確実に言えることは、**海外投資家の動向を気にするあまり、ご自身の「始めどき」を逸してしまうことだけは避けていただきたい**ということです。

価格高騰だけを見れば、決して「買いどき」でないのは百も承知です。

ただ、海外投資家の流入によって誘発された価格高騰の結果、金融機関も市場についていくため、融資の幅を大きく拡げたのも事実です。

つまり、**市場の収縮局面では融資を受けられない方も、現在は融資対象になれる**ことを意味しています。この側面から申し上げれば、ある層の方々にとっては今が「買いどき」であることは間違いありません。

みなさんは評論家ではありませんし、不動産業者でもありません。市場や海外投資家の動きを分析することでお金を稼ぐわけではありません。現在の状況をご自身の目的に当てはめて、都合のいいように利用すればよいのです。

そのためにも、「地の利」を活かした準備を怠らないようにしていただきたいと思います。

6 買い付けを入れるときのコツはありますか？

買い付けを入れる〝自分ルール〟をつくろう

不動産購入に際して「買い付けを入れる」という行動が迅速な方とそうでない方がいらっしゃいます。

ここで言う買い付けとは、「買付証明書」と呼ばれる書面を売り主側に差し入れることを言います。簡単に言えば、「その物件をいくらで買いたい」と、意思表示をするためのものです。

この買付証明書は、署名・捺印をして提出するものの、実は**「法的な拘束力」を持つものではありません。**「○○という条件がまとまれば、購入意思があります」と意思表明をして、交渉へ入るための書面という位置づけです。仮に売り主が「じゃあその価格で売ります」となっても、価格以外の条件などが折り合わない場合、必ずしも購入に踏み切る必要はないということです。

そうは言っても、みなさんが売り主の立場になったときに、真剣に値引きするかしないか検討をして回答した結果、「やっぱり買わない」と言われたらどうでしょう？　正当な理由がない限りは納得いかないはずです。そのため、いたずらに買付証明書を提出することはしないようにお気をつけください。

収益不動産のマーケットでは、買いたい人たちが目を皿のようにして「優良物件」「おいしい物件」を常に探しています。築浅、駅近、高利回り、融資評価の出やすい物件など、多くの人が「いい」と感じる物件は、競争率が高くて当然なわけです。言い方は乱暴ですが、そんななか判断に迷っていても、おそらく「いい物件」をつかめるチャンス

図8 買付証明書

買付証明書

平成28年○○月○○日

売主　　　　殿

下記物件を下記価格及び記載条件にて購入することを証明します。

記

1.物件の表示
（住居表示）
　地　　目　宅地
　地　　積　123.45㎡（公簿）
【建物】
　所 在 地　東京都渋谷区恵比寿南1丁目△番△号（住居表示）
　種　　類　共同住宅
　構　　造　RC造陸屋根9階建
　延床面積　1234.5㎡（公簿）

2.価格　総額金800,000,000円也（税込）

3.取引条件
(1) 支払条件　契約時　手付金　3%
　　　　　　　決済時　残代金
(2) 所有権の行使を妨げる一切の権利が無い状態で引き受けられるものとします。
(3) 現況有姿とします。
(4) 公簿売買とします。
(5) 現況の賃貸借契約書及び修繕工事履歴の確認を条件とします。
(6) 遵法性に問題ないことを条件とします。
(7) 融資特約を付すことを条件とします。
(8) 本書記載事項以外の契約内容については、別途協議の上定めるものとします。

本書有効期限　　平成28年××月下旬

以上

には恵まれないでしょう。迷っている一瞬で、あっという間に二番手・三番手になってしまうこともザラです。**買い付けをすばやく入れないことには、交渉の土俵にすら上げてもらえない**ということになります。

とはいえ、第4章3項「中古一棟物件を買うときは、どこをチェックすればいいですか?」で言っていた、現地の確認などをしている時間はないじゃないか！ と思われる方もいらっしゃるでしょう。それはおっしゃる通りです。高額な不動産を買うか買わないかという決断を、そんなにすぐに下せるはずがないのです。だからこそ、判断材料のない「外野」であれこれ考える前に、材料を取りに動かなくてはなりません。そのための買い付けなのです。

判断するためには、踏み込んだ情報や資料が必要不可欠です。ですが、売り主や仲介業者が本気度の低いお客様に対して、決め手となる情報や資料を出してきてくれることはまずありません。

そこで私は、「買い付けを入れるルール」をご自身で決めておくことをおすすめしています（115ページの「物件点数表」もご活用ください）。

たとえば……

- **利回り○％以上**
- **築○年以内**
- **駅から徒歩○分以内**
- **価格は○○○万円まで**

という風に、**自分なりの「即買い付け基準」を決めておく**のです。

物件情報が回ってきたら、まずこのルールに当てはめてみて、「すべて満たしていたら買い付けを入れる」と決めてしまいます。

逆に言えば、ルールに加える項目に曖昧なラインは不要です。それら妥協のない項目群を満たしているのなら、それはみなさんにとって少なくとも「いい物件」に近いもののはずです。

7 出口戦略を考えて買うってどういうこと？

～一棟編・路線価を読んでおこう～

路線価を用いて売却のラインを決めよう

「一物一価」が大原則の世界において、なぜか不動産にだけは「一物六価」と言われるほど、複数の「値付け」が存在します。

その「六価」を簡単にご紹介しておきましょう。

不動産の売買をする際に、知っておいて損はない情報です。少し複雑かもしれませんが、理解しておいていただきたいと思います。

①実勢価格（売買価格）……市場取引で実際に売買される価格
②公示価格（公示地価）……国交省が公表。正常価格とも言われ、売買の目安になる
③基準地価……都道府県が算定。公示価格の補完を目的とする
④路線価……国税庁が公表。相続税・贈与税の基準。公示価格の80％程度になる
⑤固定資産税評価額……市町村が決定。固都税（固定資産税と都市計画税）の基準。3年に一度見直される
⑥鑑定評価額……不動産鑑定士の鑑定。特定の依頼に基づくため、振れ幅が大きい

実務上みなさんからよく聞かれるのは、①④⑤あたりでしょうか。①は購入時の価格ですし、⑤は保有時のランニングに関わりますから、聞かれるのも当然でしょう。④の路線価は、一棟物件の出口戦略の参考値に用います。

路線価は国税庁が相続税・贈与税の課税基準として公表する数値ですが、公示価格や

実勢価格に比べると、かなり低い数字となります。景気が上向きになれば①②と路線価との金額は離れますし、景気下降局面では路線価に近づくということになります。それでも実勢価格が路線価を下回ることはほぼありません（地域にもよりますが）。

一棟物件を積算評価する場合、土地と建物はそれぞれに評価されますが、建物の評価額は、年数の経過とともにゼロに近づいていきます。

一方、土地は原則経年劣化がなく、価値がゼロになるという考え方をしません。したがって、一棟物件を再び売りに出すときに、景気の良し悪しを考慮せず、**底値に近い土地値＝路線価を用いることで、「最悪この程度の金額で売却は可能」というラインを把握することができます**。

⑤の固定資産税評価額も低い数値で出ますが、確認のためには管轄の役所に出向いて請求をする必要があり、若干手間を要します。それに比べ、路線価であれば、国税庁のサイトから簡易的に評価額を算出することができ、みなさんにとっても使い勝手がいいはずです。

「国税庁　路線価図」と検索していただくと、すぐに見つかります。

何年間、いくらで回せば残債と路線価が釣り合うか？

キャピタルゲインを狙っているわけではないとしたら、「売却差益でいくら儲かるか」という観点ではなく、**「最悪何年間、いくらの収益（キャッシュフロー）で回していけば、ローン残債と土地路線価が釣り合うか」**という観点で見ておかなくてはなりません。

ここがわかれば、何年間の保有が前提となるか、その期間中に大規模修繕が必要になるかなどの判断もつきやすくなります（161ページの図9参照）。

現在の市場では、①実勢価格と④路線価の乖離は大変大きくなっているため、ここが近似値の物件を探していると、ほぼ買える物件がなくなってしまいます。仮にあったとしても、地積の広い地方物件となりますので、「だから買わない」という判断ではなく、稼働率、そのエリアの賃貸相場・賃貸需要などを総合的に判断していただけたらと思います。

また、一棟物件の営業担当者の中には、土地と建物を合算した実勢価格のみを参考値として見せてくる方もいるはずです。少なくとも見せてくれるだけマシではありません。しかし、建物部分の経年減損を視野に入れていませんから、そういうときには「土地の路線価はいくらですか？」と尋ねるのが正解です。

ちなみに同様の方法で「区分所有」を見てみると、共有持分《きょうゆうもちぶん》（各オーナーの権利の割合）にて計算されることになりますので、額が低くなりすぎて参考になりません。次項では、区分所有の出口戦略の考え方をご紹介していきます。

図9　路線価基準の出口戦略

例：１億円のローンで物件を購入（融資条件：2.0%、25年間）

●実質利回り９％と仮定→１億円×９％＝900万円……１年間の収入
●築10年の物件（大規模修繕の履歴なし）

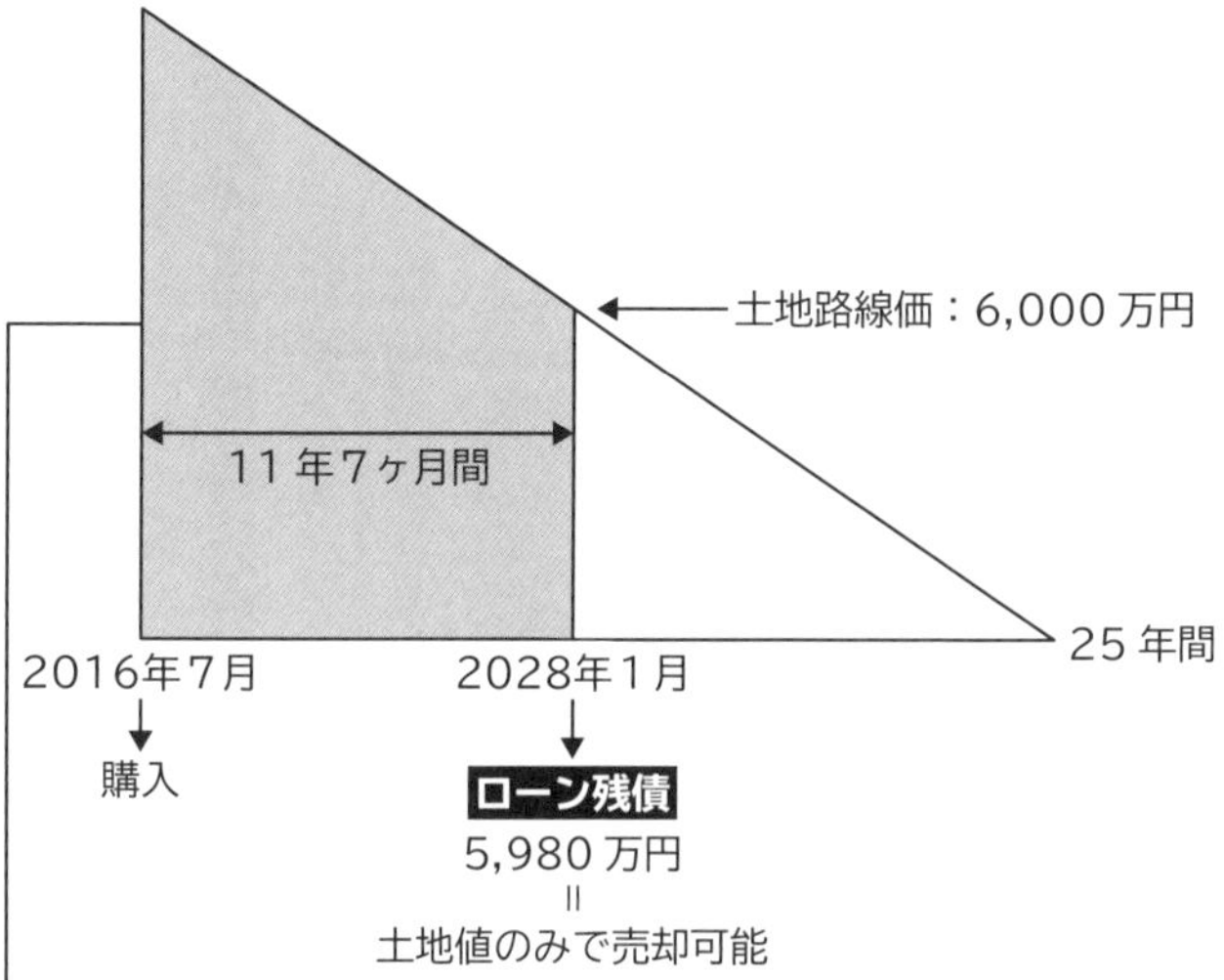

毎月の実質収支

年間年収 900万円 ÷12ヶ月＝750,000円／月……①
毎月のローン返済額　424,000円／月……②
①－②＝326,000円（キャッシュフロー）

これまで大規模修繕を実施していないため、最低保有期間中（11年7ヶ月間）に費用が発生する可能性がある。

大規模修繕工事見積もり金額
……500万円（仮）÷326,000円＝15.337ヶ月
約１年分のキャッシュフローをストックしておく必要性がある

8 出口戦略を考えて買うってどういうこと？

～区分編・ネット収益と評価の関係～

ネットの年間収益から売却価格を計算しよう

区分所有（多くは投資用ワンルーム）の場合、前項でも述べた通り、積算や路線価ベースで計算をしても、正確な売却価格は見えてきません。共有持分（一人当たりに割り当てられた権利）での計算になるため、戸あたりの市場価格とはかけ離れてしまうわけです。

では、新築時の価格を指標として売却価格が出せるかと言うと、それもノーです。1

３４ページ以降の第5章3項の「『家賃保証』だと安心ですよね？」でも触れていますが、新築価格は相場をベースとしておらず、建築原価や利益のほかに、デベロッパーの様々な思惑やコストが転嫁された価格です（20ページの図2参照）。新築価格に上積みされているプレミアがいくらで、それが取得後に何割減損するかが判断できないため、客観的な価格指標にはなりません。

そこで、区分所有の出口戦略において最も妥当な方法は、**ネットの年間収益から金融機関の融資評価目線を読み、売却価格を試算しておく方法**です。

ネットの年間収益は、【家賃－（管理費＋修繕積立金）】×12ヶ月で計算できます。

たとえば、

- **家賃10万円**
- **管理費１万円**
- **修繕積立金５０００円**

という区分物件の場合、オーナーの月次ネット収益は、
10万円－（1万円＋5000円）＝8万5000円　となります。

年間で、8万5000円×12ヶ月＝102万円のネット収益です。

金融機関はこれに対して、「期待利回り」を設定し、その物件にいくらまで融資できるかを決めています。「期待利回り」は、エリアや築年数によって高低が異なります。

たとえば都心の人気エリアなら4・5％回っていればよい、郊外なら5・5％は必要、といった具合に、各社によって設定に違いがあります。

先ほどの年間のネット収益が102万円の物件であれば、ネット利回り4・5％から割り返すと、2260万円まで評価は伸びます。

仮に同じ収益の取れている物件でも、「期待利回り」が5・5％となると、1850万円までしか評価が出ません。つまり、売却を考える際に、その金額までは融資の手を借りられることになるため、必然的に売却価格の目線も評価額前後に落ち着くという想定です。

家賃がどれだけ下がるかを想定しよう

さて、この計算方法を「出口戦略」に当てはめると、影響を及ぼすファクターが何点か存在します。

まず、大もととなるネット収益を出すには、「家賃」と「管理費・修繕積立金」が必要になります。

ご自身の購入時をピークとして物件は古くなっていくため、「家賃」は下落傾向に、「修繕積立金」は上昇傾向になります。また、「期待利回り」も、古くなるごとに高さを求められますから、総じて築年数の進行とともにローンの評価は下がっていくわけです。

たとえ「買いたい！」と言う人がたくさん現れても、融資がつかなければ買ってもらう手段がないため、リセール（＝売却）は苦しくなります。

第4章1項「物件は新しければ何でもいい？」（102ページ以降）でご紹介しましたが、**一定期間ごとに家賃がどれだけ下落していくのかを読むことは、出口戦略を考える**

うえでも重要ということになります。また、その時点でのご自身のローン残債が評価想定額を上回ってしまうようであれば、含み損が生じてしまいます。

もちろん、売却の際の売り主はみなさんですから、いくらで売るのかは自由です。ただ、いくらで「売れる」のかはまったく別問題です。だからこそ、この項でご紹介した「理屈」を知っておくことが大切なのです。

築年数ごとに利回りを出してみる

先に出てきた各金融機関の「期待利回り」は公表されていませんが、この利回りは、みなさんでもある程度予測することが可能です。

同エリア内にある同タイプの物件をいくつかピックアップし、それぞれの価格を築年数ごと（築10年、20年、30年）にカテゴライズして利回りを出してみましょう。そのエリアに求められている利回りのラインが見えてくるはずです。

仮に新築の営業担当が「立地が良いので、購入時と同じくらいでも売れますよ」と言ったとしても、それは理論値上あり得ません（今後、日本が空前の好景気になると言うのならわかりませんが）。前述の理屈を知っているうえでのセールストークか、あるいはまったく知らないかのいずれかです。

中古物件もまったく同じ理屈ですが、価格が高止まりしている状況下では、特に慎重に試算をしておくべきでしょう。新築に比べ、経年による「評価下落」の角度は緩やかになるものの、**相場を大きく上回る金額で購入してしまうと、やはり出口は苦しくなります。**

新築を10年後に売っても築10年ですが、築10年の中古を10年後に売れば、築20年となるわけで、「期待利回り」は確実に上がっているのです。

「売却したら買ったときよりも下がった」と恨み節を言う方がいますが、それは市場からすれば当然の理屈で、単に「価格が下がるメカニズム」を知らなかっただけのことです。

9 火災保険や地震保険の加入で注意することはありますか？

火災保険は最長10年間しか加入できない

不動産購入と同時に、ほとんどの方が火災保険に加入されます。**融資を利用する場合、金融機関からの融資条件として、火災保険への加入は必須**となります。逆に言えば、現金購入では、加入の有無はオーナー次第となりますが、当社で現金購入される大半のお客様は加入されています。

ご存知の通り、火災保険は、火災が原因で建物や室内に損傷が生じた場合にその補償をするためのものです。

区分所有では損害範囲、補償範囲も比較的限定的になりますが、一棟所有の場合はそうはいきません。建物全体に対しての補修責任は、オーナー1人だけに帰属します。ロケーションにもよりますが「風水災害」「落雷」など、補償範囲を広げた総合保険の利用がベターだと思います。

ただし一棟の場合、保険料は相当な金額に上りますし、法改正に伴って、2015年10月より最長10年までしか加入できないこととなりました。つまり、**10年後には更新に伴う保険料を支払う必要性が出てきたわけです**（従来はローン返済の全期間分を一括で支払うことができました）。保険料も、初期費用だけではなく、運転資金にも組み入れなければならない対象となったわけです。

とはいえ、万が一の際、すべてを自己資金でカバーするのは現実的ではありませんから、コストパフォーマンスも考えて、上手に保険と付き合っていくことが求められます。

地震保険のウィークポイントは？

火災保険と並んで取り扱われるのが、地震保険です（図10参照）。私自身も、保有している不動産では、すべて地震保険に加入しています。

この地震保険ですが、特に東日本大震災以降は色々な意味で注目度が高くなっています。「色々な意味」というのは、良くも悪くも、ということです。日本国内で不動産を所有する以上、避けて通れないのが地震のリスクですから、地震保険の特性も十分把握しておく必要があります。

前出の東日本大震災の際、当社のお客様でも、比較的軽微な損傷ではありましたが、地震保険によって補修費をカバーできた方も多くいらっしゃいました。改めて、地震の多いわが国で不動産を持つ際には、とても有用な保険商品だとお感じになった方も多かったのではないでしょうか。

ただ、結果的に地震保険の「欠点」が露見することにもつながりました。

図10　火災保険の補償内容事例

	補償内容	
●損害保険金	火災、落雷、破裂・爆発	
	風災、雹（ひょう）災、雪災	
	建物外部からの物体の落下・平井・衝突など、給排水設備に生じた事故などによる水漏れ	
	騒擾（じょう）・集団行動などによる破壊行為	
	盗難	
	水災	
	不測かつ突発的な事故（破損・汚損など）	
	通貨・乗車券など・預貯金証書の盗難	
	地震・噴火・津波（地震保険）※建物のみ	
●費用保険金	罹災時諸費用	損害防止費用
	残存物取片付け費用	地震火災費用
	特別費用	修理付帯費用

一つは、**「支払われない場合がある」**ということです。契約約款を見ると、「保険会社が倒産した場合は支払いません」といった趣旨の内容が盛り込まれています。通常の予測を超えて保険金の支払いが超過した結果、保険会社が耐え切れないことがあると実感したわけです（これに耐えうる行政上の指標として「ソルベンシー・マージン比率」というものがあります）。

もう一つは、**地震保険が「火災保険のオプション」にすぎない**ということです。ご存知ない方が意外に多いのですが、実は「地震保険」という単体の商品は存在しません。主契約となる火災保険の補償額があり、その半額までが地震保険の補償上限額となります。つまり、**地震を原因とする損傷が大きい場合、その補償額（火災保険補償額の2分の1）では賄い切れないケースもあり得る**ということです。

だから地震保険の付帯に意味はない、と言いたいわけではありません。地震保険自体はとても有用だと、私自身も思っています。ただ、地震保険は補償額に対して保険料が割高であるため、ともすればコストの圧迫原因にもなりかねません。したがって、業者の言うがままではなく、**「弱点や特性を知ったうえで、それでもその保険料を支払って利**

用する」というスタンスを採っていただきたいと思います。

まとめ

❶ 情報がほしいときは、物件を探している姿勢を広く拡散しよう

❷ 好条件なのに入居者がいない物件は〝おいしい物件〟候補

❸ 「一括借り上げ保証」は下がった家賃でシミュレーションを

❹ 販売資料の想定賃料は無視してネットで相場を調べよう

❺ 海外投資家より先に買うには「即座に動けるかどうか」

❻ 買い付けを入れる〝自分ルール〟を作っておこう

❼ 残債と路線価のバランスを見て保有期間を決めよう

❽ ネットの年間収益から売却価格を計算しよう

❾ 地震保険は支払われない可能性もあることを想定しておこう

第6章

オーナーになってからのリスク

～管理会社との付き合い方～

1 オーナーになってからの心構えってありますか？

買い付けと同時にコストをシミュレーションしておく

不動産を所有するにあたって、最低限どういった知識と意識を持っておくといいでしょうか。また、その方法についてもご紹介します。

まず一つ有効なのは、懇意の管理会社を作って、**買い付けと同時に想定されるコストをシミュレーションしておくこと**です。「何だ、そんなカンタンなことか」とお思いになるかもしれませんが、現実にできていない方が多く、失敗例も後を絶ちません。

彼ら管理会社は、どこの不具合が入居者にどんな迷惑を及ぼすか、それがどの程度の費用と逸失利益を生むのかを熟知しています。

つまり、購入にはフォーカスせず、「維持運営」という「線」にフォーカスしています。今手を入れておかないと後々もっと大きなダメージになる、と経験則でわかっているわけですから、これを活用しない手はありません。取得後の管理を任せられる立場となれば、真剣さはなおいっそう増すでしょう。

この確認作業のタイミングは、やはり買付証明書の提出と並行させるのがベターだと思います。仲介会社を通じて空室の内覧設定をしてもらい、修繕コストのかさむ部分も管理会社立ち会いのもとチェック。買い付けが入ってさえいれば、売り主側も現地確認を拒む理由はないはずです。そして、その結果を売り主側にフィードバックして、買い付け条件の再調整に入ります。この流れはぜひ頭に入れておいてください。

「賃貸物件のオーナーになるとはどういうことか」を、基本に立ち返ってよく考えてみましょう。

入居者を犠牲にすると収益は持続しない

たとえばみなさんが賃貸にお住まいだとして、部屋のエアコンが故障したとします。そのときどうされますか？　自分でお金を出して修理しようと思う人はいないはずです。管理会社に連絡して修理してもらおう、と思うのがごく当たり前の反応のはずです。管理会社は大家へ故障報告と修理見積もりをあげて、大家負担で修理対応をします。

当然のことですが、賃貸物件を所有するということは、オーナー側の立場になるということです。入居者、管理会社からある日突発的に連絡が入ります。当社のお客様の中でも「こうしたイレギュラーな連絡が入るときが一番心臓に悪い」とおっしゃる方がいらっしゃいます。

雨漏りや漏水などと言われると、私たちですらゾッとします。箇所の特定だけで大変な作業を伴いますし、屋上防水が必要となれば、費用がかさむことは目に見えています。

不動産投資では、「大家になって不労所得を得る」というプラスイメージが先行しがちですが、権利と義務は表裏一体です。ご自身の物件を使ってもらってお金を得るということは、そこに住む人・使う人が気持ちよく使用できる環境を提供し続けることと同義です。みなさんの所有する一部屋一部屋にそれぞれの生活や業務があります。そんな当たり前のことが、オーナーになった途端に見えなくなってしまうようです。

私は、これが最低限「不動産を持ち続けるための常識」だと思っています。投資である以上、ご自身の収益を優先するのは当然ですが、**入居者を犠牲にしたうえに成り立つ収益は持続しません**。地場で「対応の悪いオーナーの物件」という評判が立ってしまえば、その後の賃貸付けにも影響を及ぼします。結果的にみなさんにはね返ってくるのです。

ですから、**「お金がないから修繕できません」と言うオーナーは論外**です。そうならないためには、やはりみなさん自身も最低限の知識を持つとともに、**「管理のエージェント」となる管理会社を抱えておくべき**です。

実際、収益を上げているオーナーの多くが優秀な管理会社と連携しています。

販売会社は基本的に「売ることがゴール」です。いわば瞬間的な「点」から収益を上げるわけですから、取得後のオーナーのトラブルやコストに興味はありません。対して、管理会社は取得以降の時間＝「線」からの手数料で収益を上げます。したがって、必然的にトラブルやコストに敏感になります。

この部分においてはオーナーと同じ目線になるため、「不動産を持ち続ける」際の相棒として相応しいと考えられます。

管理会社からの調査報告書とは？

ここで、修繕コストなどを事前に知っていただくために、参考として当社の取り組みをご紹介しておきたいと思います。物件によって個体差はありますので、ここでは一般的な例として次の表をご覧ください。

182～183ページの図11は当社がふだん作成している一棟物件の物件点検報告書（通称・物件通信簿）です。ご購入いただいたオーナーへ年に1回お送りしていますが、当社が仕入れて販売を手掛ける物件でも、同様の調査をしたうえで物件をお譲りするようにしています。

「いつ、どのくらいの予算が必要か」の予測が立っていれば、毎月どの程度を積み立てれば間に合うか、金額を逆算することも可能になります。

当社としては当然のサービスの一環であるとともに、「持ち続けるための知識と意識」を啓蒙していくためのツールと位置付けています。

点検箇所

建物本体	1	物件館銘板	
	2	インフォメーションボード	
	3	外壁	妻側(前面、裏面)
	4		桁側(前面、裏面)
	5	コーキング	妻側(前面、裏面)
	6		桁側(前面、裏面)
	7	屋根、屋上	
	8	雨樋	
	9	廊下	床
	10		柱
	11		手摺・目隠し
	12		天井
	13		排水溝
	14	階段	本体
	15		柱
	16		手摺・目隠し
	17	ガスチャンバー	
	18	玄関	室名札
	19		ドア
	20		枠
	21		ポスト
	22	集合ポスト	
	23	テラス	軒天、フラワーBOX
	24		土間コンクリート
	25		パーテーション
	26		物干し金具

設備・施設	27	電気BOX	
	28	照明器具(共用灯・外灯等)	
	29	火災報知器及び非常ベル	
	30	消火器(消火器BOX)	
	31	枡	蓋、本体
	32	散水栓	蓋、本体
	33	アンテナ、ケーブル	本体・支線
	34	受水槽、増圧給水ポンプ	本体、ポンプ
	35	浄化槽	本体・ポンプ
	36	プロパン置場	
	37	エアコン	冷媒管、ドレン
	38	給湯器	本体・配管
外構	39	ブロック・フェンス・アーチ	
	40	門扉・オートロックゲート	
	41	ゴミ置場	
	42	植栽・花壇	
	43	土間	コンクリート
	44		タイル・インターロッキング
	45	自転車置場	
	46	敷地周り	
駐車場	47	駐車場	出入口
			区割
			車止め
その他	48	宅配ボックス	本体

例

No.2	インフォメーションボード
B	経過観察をいたします

No.8	雨樋
B	経過観察をいたします

A:問題御座いません　B:経過観察を致します　C:改善を要します　D:確認不可です　Z:当該物件は該当しません

図11　物件点検報告書例

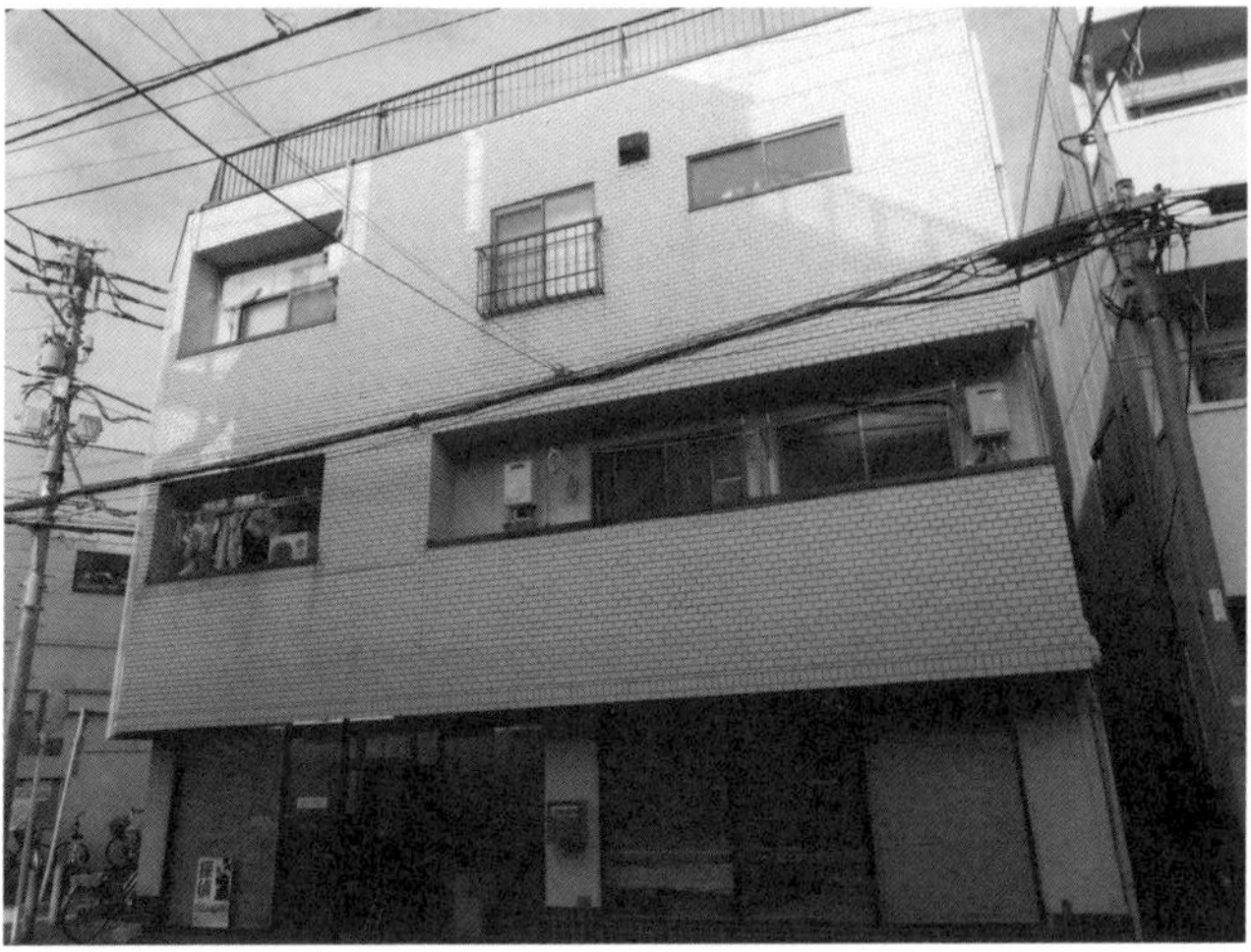

豊島区一棟マンション

委託契約開始日	平成27年3月31日
契約経過年数	6ヶ月
点検日	平成27年10月21日
次回点検	平成28年9月
世帯数	15世帯
階数	3階建て
構造	鉄骨造

2 管理会社って必要なんですか？

～収益を上げるパートナーの探し方～

不動産投資は思いのほか「不労」ではない

不動産投資＝不労所得の代表格、と言われることがあります。手間をかけずに収入を得られるとしたら、どんなにいいでしょう。

ところが、思いのほか「不労」ではないというのが正直なところです。実際に不動産経営に乗り出してみて、そう実感された方も多いのではないでしょうか。

私がそう思う理由は大きく2つあります。

それは、不動産は**管理が大変なうえに、精神的にも労力がかかるから**です。

「不労」を目指すために必要なパートナーとは？

1点目の「管理」についてですが、入居者や業者との煩雑なやりとりを日常生活の中で続けていくことには、大きなストレスがかかります。

ここの手間を圧縮するために管理会社が存在するわけです。管理面を「不労」に近づけるためには、管理会社を利用するのがほぼ必須でしょう。

まれに固定費となる毎月の委託コストを軽減するために、ご自身で直接賃貸管理を行う形に切り替えるという方がいらっしゃいます。

ただ、いざやってみるとわかりますが、管理をご自身でやるのは相当に大変です。滞納者への督促、クレーム対応、修理工事の手配・立ち会いなどは平日の日中に行うことも多く、仕事を抱えながら行うには限界があります。

結果的に「やっぱり任せたほうがラク……」ということで、管理会社への委託を選ばれます。

また、賃貸管理のほかに、不動産投資には税務などの「資産管理」といった業務も付きものですが、これもご自身でやるとなかなかの労力がかかります。税理士に任せる例もあるでしょうし、現在では賃貸管理だけでなく、資産管理に力を入れる管理会社も増えてきました。

どの範囲をどこに任せるのか、委託コストなども視野に入れて「不労」を目指すためのパートナーを選んでいただきたいと思います。

同じ方向を向いている管理会社を探そう

私が、不動産投資は不労ではないと思うもう一つの理由が、「メンタル」面に関わることです。

不動産の運営そのものは第三者に委託ができないため、ここにかかる精神的労力のほうが大きいかもしれません。

オーナーは孤独です。一人で判断・決断しなければならないことがたくさん待ち受けています。これが意外に大きな負担となるのです。

募集の判断、売却の決断など、色んな局面で「決めること」を迫られます。こうした場面で相談に乗ってくれる相手がいることは、ありがたいものです。

ここではパートナーというよりは、「メンター（＝助言者）」が必要とされるかもしれません。既出のコンサルタントも、こうした部分をテリトリーとしていることが多いと感じます。

当社も常に「管理会社」という立場から「パートナー」「メンター」「コーディネーター」であろうとしています。大事なのは、**「同じ目的を持って同じ方向を向いているかどうか」**ということです。私はよく「利害関係の一致した会社と組むべき」という言い方をします。

みなさんの目的は、投資不動産から確実に収益を上げることです。この目的を共有し、達成することで、自社の利益が上がる。そのような収益構造を持った会社とタッグを組むことが大切です。その代表例が、管理会社というわけです。

管理会社は賃料の一部を委託料（代行料）として受け取るので、入居者が住み続けていること、そしてきちんと家賃を支払い続けてくれることが収入源となります。オーナー側と同じ目的を持っているのです。

「利害が一致している相手を選ぶ」というポイントは、何も管理に限ったことではなく、どんな場合でも同じです。

ステージごとに頼るべきパートナーは異なる

営業担当者が不動産を購入するときに親切だったからと、購入後も頼りにしたところ、冷たく対応されてしまった、という話もよく聞きます。「買わせるために親切にしていたのか！」と怒る方もいらっしゃいますが、私に言わせれば当然のことです。

購入を検討しているときは、「買いたい」お客様と「売りたい」営業とは、条件に合った物件を探すという目的が一致して、同じ方向を向いています。営業担当にとっては、引渡しが終わった時点で自分の仕事は終わりです。その後のことは自分の仕事ではないと思うのは仕方のないことです。購入後、「物件を安定維持することで収益を上げる」というステージに入ったからには、**そのステージにふさわしいパートナーを見つける必要がある**だけです。

同じく将来的に「売りたい」と思ったときには、そのステージにふさわしいパートナーが必要です。

管理会社はオーナーが物件を持ち続けてくれることで自社も収益を上げることができるので、売却にそれほど積極的には関わってくれません。そういう場合には、売ることで利益を上げる（＝売りに強い）仲介業者などに依頼するのが「同じ方向を向く」ということになります。

3 管理会社って何をしてくれるんですか？

管理会社の業務範囲と手数料

会社によって業務範囲は異なりますが、一般的に「管理業務」とは、入居者の募集・退去業務、家賃の回収・送金業務、入居者からの苦情対応などを指します。

参考までに当社の主な管理業務をご紹介します（図12参照）。

管理手数料は、「家賃に対して○％」と、〝率〟で定めているのが一般的です。低いと

図12　賃貸管理業務一覧(当社の場合)

❶入居者募集、契約業務

□物件周辺の市場調査及び賃貸条件の設定
□各種広告媒体を活用した入居者の募集
□賃貸借契約書その他必要書類の作成
□契約締結及び契約金の受領、送金事務代行
□入居者に対する設備、建物に関する使用指導
□入居者に対する管理規制の遵守指導
□入居者への住宅総合保険加入の事務代行
□入居の審査・選定
□更新時の新賃貸条件の設定及び改定交渉
□更新時の更新料の受領、送金事務代行

❷入居中の業務

□入居中のクレーム事務代行
□賃料等の徴収事務代行
□賃貸等の滞納者に対する催促・督促
□緊急時の一時対応
□管理物件の瑕疵に関する諸手続き
□火災・漏水等、事故発生時の保険会社への折衝の協力
□賃貸借契約違反に対する注意・指導

❸退出に関わる業務

□退出時の室内点検及びカギの受領
□退出時の公共料金の精算業務
□退出時の原状回復工事の手配、費用負担の査定・折衝
□退出後の資金等の精算事務代行

❹その他管理に関わる業務（非居住者向け）

□納税管理人の申請
□確定申告処理の手配
□源泉徴収業務（借主が法人の場合）
□当社指定金融機関での口座開設協力（当社顧客に限る）
□CS 不動産システムの登録・運営
□その他日本国内における不動産関連業務の請負

ころでは3％、高いところで8％といったところでしょうか。

もちろん毎月のコストが低いに越したことはありませんが、単に高い・安いだけで量らず、管理会社の収益構造や思惑を判断材料としてみると、パートナー選びの目線も少し変わってくるはずです。

4 管理会社は中小より大手が安心？

～管理会社の規模と特性～

安定して質の高い大手、臨機応変に対応できる中小

管理会社は、投資不動産のオーナーにとって大切なパートナーとなります。この管理会社を選ぶ際のポイントについてもお話ししておきましょう。

管理会社には、全国規模の大きな管理会社もあれば、エリアを絞って運営している小さな管理会社もあります。どちらが良くて、どちらが悪いということはありません。そ

れぞれに持ち味があり、それと同時に弱いところもあります。その中で言うと当社は、比較的エリアを限定した小さな管理会社のカテゴリーに入ります。

以前、他社から管理を移されたお客様から「フットワークが軽いので助かる」と言われ、小規模会社なりの強みを再認識したことがありました。

私たちにとってはごく当たり前のことを誉めていただき、驚いた記憶があります。よくよく話を聞いてみると、以前お任せしていた大きな管理会社では、ルール外の動きはしてくれなかったということでした。

これは仕方のないことかもしれません。大きな管理会社は管理戸数も膨大で、エリアも全国規模となるため、スタッフの人数も相当数になります。したがって、マニュアル化をしないと業務がうまく進まないのです。

個人の判断での小回りは利かないかもしれませんが、その代わり、**決められた業務やサービスの質は高く、均一化されている**という強みがあります。

一方、小さな管理会社は、スタッフの裁量で判断できる範囲が広いため、**規定外のことでも臨機応変に対応できる**というわけです。

ただ、スタッフの能力による部分が大きくなりかねません。**担当が変わった途端、業務や対応のクオリティが下がってしまう可能性もあります**。そのため、担当者のみならず、その会社の姿勢や考え方などもよく見ておく必要があります。会社自体の考えを把握できていれば、仮に担当が変わっても対応に大幅なブレは生じないはずです。

いずれにしろ、会社規模だけで判断せず、**ご自身の方向性に合っているのはどちらか**という視点で比較してみてください。

よい管理会社の見極め方

管理会社を見極める際の客観的な指標もご紹介しておきましょう。

それは、その会社が**国土交通省に「賃貸住宅管理業者登録」を行っているかどうか**です。特に小規模な管理会社の場合には有効な指標と言えます。

管理会社の重要な業務の一つに「家賃回収」があります。オーナーへの送金までの期間、入居者から回収した賃料を預かることになります。同じく入居者から預かっている敷金を、オーナーに代わって預かることもあります。これらの保管状況を国交省からチェックされることで、健全性が担保されるわけです。

一部悪質な業者は、こうした預かり金を使い込んだ挙句、計画的に倒産するケースすらあり、オーナーは泣き寝入りとなってしまいます。

こうした事態を抑制して、管理業の適正化を図る目的で創設されたのが、国交省の「賃貸住宅管理業者登録制度」です。ここへの登録状況を確認するだけでも、管理会社としての健全性を測るものさしになるでしょう。

登録業者かどうかは、国交省のサイトで簡単に検索して調べていただけます。

◆国土交通省建設業者・宅建業者等企業情報検索システム
http://etsuran.mlit.go.jp/TAKKEN/

また、上場企業の場合は財務内容がホームページ上でも公開されていますので、そちらもあわせてご確認ください。

5 家賃滞納者への対応はどうする?
～管理会社の見分け方～

滞納、夜逃げは収支計画を狂わせる元凶

不動産オーナーになって計画通りの収支を実現するためには、毎月確実に入居者から賃料を回収しなくてはなりません。そのためには、滞納を予防する対策はもちろんのこと、**最悪の場合「夜逃げ対策」も考えておく必要があります。**

たとえば、家賃10万円の部屋を貸していたとします。1月の家賃が未納、2月の家賃

も未納、3月の家賃も未納でした。法律上は3ヶ月間の未納に対してはじめて現実的に強制退去させられるとしています。この時点ですぐに裁判を起こしたとしても、裁判には約2〜3ヶ月を要します。その後ようやく退去命令が出され、強制執行で部屋から出てもらうことができます。

さらにそこから原状回復工事・リフォームなどを行って募集を開始し、すぐに入居者が入ったとしても、ここまでで実に6ヶ月が経過していることになります。

その間収入はゼロにもかかわらず、退去させるための支出は発生しています。

たとえば、裁判費用で約60万円、強制執行、撤去作業などで約100万円といった具合です（強制執行の場合、裁判所が手配する業者で撤去することになるため、さらに高額となります）。

こうなると、オーナー側の負担が大きくなるばかりか、ローンの返済は毎月続いているわけですから、最悪の場合、債務不履行（デフォルト）を起こしてしまいます。

家賃滞納者に対して、このスピードで対応しているようでは管理会社として失格です。そうなる前に、**滞納者に対してどのようなアプローチをすべきかがポイント**になります。

３ヶ月も放っておくことはあり得ません。

家賃支払日に入金がない場合は即電話、即訪問

ではどのような対処が考えられるのでしょうか？

家賃の支払日は、通常「毎月月末までに」などと決められています。**当日に入金確認できない場合は、翌日すぐに電話を入れます。**「入金が確認できないのですが、○日までに必ず入金をお願いします」と。

そしてその期日に確認をし、まだ入っていない場合は、即時電話または訪問を実施します。**電話で連絡が取れなかった場合は、必ず訪問です。**ここでの動きの迅速さがダメージの大小を分けると言っても過言ではありません。

訪問時、ドアのポストから郵便物があふれていたら、危険信号です。事故などの可能性も考えられますが、すでに夜逃げしている可能性も十分あります。

電話をしても連絡が取れず、コールバックもまったくない、ドアをノックしても出て

来ない、こうなったらすぐに最寄りの交番の警察官に立ち会いを依頼し、開錠して部屋の中を確認します。このときに部屋の中がもぬけの殻になっていたら「夜逃げ」と判断して、即座にリフォームを手配して募集を開始します。

仮に荷物がわずかに残っていて判断がつかない場合でも、1週間程度連絡を入れ続けます。保証人経由でも本人と連絡がつかない場合は、荷物・残置物の撤去に踏み切ります。出した荷物は倉庫に3ヶ月間保管しますが、部屋のほうはリフォーム工事と並行して募集を開始します。

このように**手間を惜しまず迅速に対応することで、通常稼働に戻すための期間を1ヶ月に短縮することができます。**

うるさくなければ回収はできない

非常にシンプルな話ですが、**お金に困っている人は「うるさく催促する人から順番に払う」習性を持っています。**「お金ができたら払ってください」という言葉は、感謝はされても支払いにはつながりません。「いい人だから先に支払わないと悪いな」とはならないのが現実です。

滞納者への催促は正直かなり骨の折れる業務で、オーナーが自ら行うには難易度が高いものです。**管理会社に任せるメリットの大部分はこの滞納のマネジメント**だと言ってもいいかもしれません。くれぐれも、3ヶ月間も放置する管理会社をお選びにならないようお気をつけください。

滞納時の対応を事前に聞いておこう

管理会社を選ぶ際の一つの判断材料として、滞納発生時の業務フローやオーナーへの対応を事前に聞いておくとよいでしょう。

当社もそうですが、滞納時の送金保証がサービスのラインナップにあれば、ひとまずローン返済ができないという事態は回避できます。

管理会社とすれば、滞納が発生すれば自分たちがその分をカバーしなければならないため、自ずと回収・督促業務への力の入れ方が変わってきます。変わらざるを得ない、と言うのが正しいかもしれませんが……。いずれにせよ、オーナーと同じ目線で動くわけですから、少なくとも怠慢な姿勢は、自社にとっても命取りになります。

ここで一点注意したいのは「集金代行」という言葉、あるいはサービスです。**集金代行というのは、文字通り集金を代行するだけ**なので「今月は入金がありませんでした」という報告のみで終わってしまいます。

入居者からの正常な入金があってこその不動産投資です。せっかく不動産という装置を持っていても、**家賃が正常に入ってこなければ、「収益装置」として意味をなしません。**回収・督促業務の面でも、同じ目線で動くパートナーの存在はとても重要です。

保証会社を利用すれば安心か？

入居者が契約時に保証料を払い込むことで、滞納の保証を請け負ってくれる「保証会社」というものがあります。

これに加入すれば、滞納リスクを軽減できるとお考えになるかもしれません。ただ、実際は「滞納」には対応してくれても、夜逃げや裁判費用は保証範囲外だったりすることもあります。

利用に際しては、保証の範囲をしっかり確認しておきましょう。

まとめ

❶ 買い付けと同時にかかる費用をシミュレーションしよう

❷ 管理会社は、利害が一致している会社を選ぶようにしよう

❸ 業務範囲と手数料のバランスを観察してみよう

❹ 管理会社が賃貸住宅管理業者登録をしているかを確認しよう

❺ 滞納、夜逃げにどう対応しているかを管理会社に聞こう

第7章

売却時に知っておきたいリスク

〜売るときにも用心が必要〜

1 仲介会社とどう付き合えばいいですか？

専任媒介と一般媒介のメリット

不動産の売買、特に売るときの重要なパートナーとなるのが、不動産仲介会社です（冒頭の業界関係図参照）。

不動産仲介の形態には、専属専任媒介、専任媒介、一般媒介の3種類があります。

専属専任媒介も専任媒介も、その不動産会社一社としか契約できず、ほかの会社には依頼できません。専属専任媒介と専任媒介の違いは、ご自身で買い主を見つけられるかどうかです。専属専任媒介の場合は、**ご自身で買い主を見つけることはできませんが、専任媒介ではそれが可能となります。**一方、一般媒介は、**複数の不動産会社と契約を結ぶことができ、ご自身で買い主を見つけることも自由です。**

一般的には、専任媒介契約または一般媒介契約で結ばれることがほとんどです。仲介業者は、できれば専任媒介をとりたがるものです。信頼できる相手ならば、専任媒介で任せてよいと思います。一般媒介に比べ、一生懸命動いてもらえるのは確かだからです。

ただ、専任媒介で気を付けなければならないのは、最近ニュースでも取り上げられましたが、**日常的に「情報を隠す」業者がいる**という点です。

なぜそういうことが起きるのかというと、仲介業者はできることなら「両手」の取引をしたいと考えるためです。

両手というのは、手数料を売り主・買い主の双方からもらう、という意味です。

専任媒介では、売り主からの手数料は最低限確保できるということになります。そのうえに、さらに買い主も自分たちで見つければ、買い側からも手数料を取ることができます。そのため、ほかの不動産業者には情報を出さない、またはすでに完売した扱いにするということが起きてしまうのです（「冒頭の業界関係図」の、売り主と買い主の間にいる「不動産仲介会社」がこれに当たります）。

買い主候補をたくさん持っているところに依頼しよう

仲介会社は、専任媒介契約を結んでから7日以内に売出情報を公開することが義務付けられています。公開されるということは、他業者から「自社の買い主に紹介したい」という問い合わせも来ることになりますが、「両手」を狙う専任の仲介会社はこれを断ってしまうわけです。

なぜなら、**自分たちの抱えるお客さまに買ってもらったほうが、手数料が2倍となるからです。**

逆に、他社に買い主を見つけて来られては、買い主からの仲介手数料を取れなくなってしまいます（これを「両手」に対して「片手」と称します）。

これは、一般的に「物件の囲い込み」と呼ばれ、売り主からすれば売却のチャンスを奪われていることにもつながります。

そのため、**専任媒介で一社に任せるのであれば「売りに強いところ」、つまり買い主候補をたくさん持っているところにお願いするのが得策**でしょう。

一般媒介の場合は、同時に複数の会社に依頼するため、専任に比べると優先順位が低くなってしまうことも念頭に置いておきましょう。しかも、依頼した複数社が一斉に情報を公開するので、「有名物件」「出回り物件」となってしまう危険があります。

不動産のマーケットでは、半年以上売れないまま物件が残っていると「売れ残り」感が出てしまい、指値交渉などの場面で足元を見られる可能性も出てきます。専任であれば情報のコントロールも効きやすいわけですが、一般の場合は広く情報を拡散できる代わりに自身でのコントロールも効きにくくなります。結果、逆に売却の速度が落ちてしまうということもあり得ます。

「いくらなら売ってよいか」が大事

一般媒介にしろ専任媒介にしろ、売却に出す際に大事なのは、たった一つです。それは、**「いつまでに、いくらで売りたいのか」を自分の中で明確に決めておく**ことです。

「営業担当者が一生懸命やってくれたから……」とか、「ようやく現れた買い主だから……」という理由で価格下げや売り渡しを決めてしまうことには賛成できません。

できれば「すぐに売りたい！」ではなく、**ある程度時間をかけても希望通りに売りたいと業者に伝えたうえで連携していく**ことをおすすめします。

2 物件を売ると費用はかかるんですか？

売却時の繰上返済手数料はバカにできない

前項に続いて、売却のお話をもう一つご紹介しましょう。

売却しようと思い立ってから実際に売れるまでは、意外に長く感じるものです。現に一定の時間を要しているわけで、「やっと売れる」という心境になるのはみなさん同じです。そんな安堵の気持ちの裏側で見落とされがちなのが、売却に際してかかる費用です。

まず、ローンを組んで購入している場合、売却によって入ってくる金額をローン残債にあてて完済することになります。金融機関側からすると、予定よりも前倒しで返済されるため「一括繰上返済」となりますが、**通常の「一部繰上返済」と同様、手数料がかかることが通例です**。

売却に際する一括返済の場合は例外的に手数料なしという金融機関もありますが、たいていは手数料が発生します。必ず金額を確認しておきましょう。

定額としているところもあれば、返済元金の2%というところもあります。たとえば1000万円を返済する場合はその2%、つまり20万円かかるわけで、なかなかバカにできない金額です。

区分の場合、売却益が100万円ということもありますから、そこから20万円を差し引かれれば、手数料が占める割合はかなりのものです。

ちなみに一棟の完済額が1億円だったとしたら……と考えると、無視はできない費用と言えるでしょう。このほか、売却時にかかる費用は図13の通りです。

図13　売却時にかかる費用一覧

	名称	
1	仲介手数料	仲介取引で売却した場合のみ発生。 （買い主が不動産会社なら不要） ※売買価格によって変動
2	印紙税	売買契約書に貼付する印紙。 別段の定めがないかぎり、売主・買い主双方で折半する。 ※売買価格によって変動
3	抵当権抹消費用	ローンの残債がある場合、金融機関の抵当権が付いているため、売買代金の受け取りと同時に抹消しなければならない。その手続きのための費用。司法書士に依頼するのが一般的。
4	譲渡所得税	売却時すぐに納付するものではないが、売却によって「利益」が出た場合、翌年の確定申告で申告して納付をする。 ■売却価格－当時の購入価格＝「利益」 となるが、当時の購入価格……「簿価」となるので、実際に儲けが出ていなくても、「利益が出た扱い」となってしまうケースもあり、注意が必要。 保有期間に応じて、課税税率が異なる。 ●取得から５年未満で売却（短期譲渡）→39％ ●取得から５年以上で売却（長期譲渡）→20％ ■例 売却価格　当時の購入価格 1,800万－2,000万＝▲200万 ×利益は出ていない ↓正確には…… 売却価格　当時の購入価格 1,800万－（2,000万－300万）＝△100万 ○利益が出ている （300万：保有中に経費計上した減価償却額） 利益 ⇒100万×課税税率＝譲渡所得税

盲点！　譲渡所得税の存在

意外と知られていないのが、売却益に対してかかる「譲渡所得税」です。「儲けが出れば支払う」程度の認識だと思いますが、盲点は「何を基準に儲かった」のかというところです。

ローンの残債に対して……？　そうではないのです。いわゆる**「簿価」を基準にしていくら儲かったのかで売却益が算出される**のです。

【売却額－当初購入額＝売却益】なので、「さすがに当初買ったときより高く売れることはないだろう」ということで、たいていの方は儲けが出ないと思っていらっしゃるようですが、そこが危ないところです。

簿価とは、当初の購入額から「保有期間中に減価償却した額を差し引いた額＝簿価」になるため、ここで言う当初購入額はかなり低い額として出てきます。つまり、**実際には手元に儲けが残っていなくても、「儲けが出た扱い」になってしまう**のです。

多少なりとも差益が出て支払う原資があるのならまだしも、これがない場合、自腹で譲渡所得税を支払うことになってしまいます。

厳密に言えば「費用」ではありませんが、出費には違いありませんので、ここもまたバカにできません。必ず試算をしておきましょう。

売却を促す業者にはご注意を！

最後にもう一点、売却にまつわるお話です。

一時期、「収益物件のローンをなくして軽くしませんか？」といった誘い文句で売却を促す業者が増えた時期がありました。もちろん、今も存在しています。彼らは直接不動産会社の場合もあれば、「××不動産債務支援センター」のように、あたかもＮＰＯ団体のような呼称の場合もあります。

彼らは売り主にこんな提案を持ちかけます。

業者　「ご希望の金額の２０００万円では売れません。ただ、１６００万円なら今すぐ買い主が付けられますよ」

売り主「いやいや、ローンの残債が2000万円残っているんだから、それを下回る金額では売れないよ。ローンの完済ができないじゃないか」

業者「当社ならそこを何とかできるんです。銀行には私たちから交渉をして、1600万円の支払いで完済としてもらえるようまとめますので。独自の交渉術とノウハウがあるから安心して任せてください」

「それができるなら、悪くない提案だな」と思いませんか？　早くローン返済から解放されたいと思っている場合、つい任せたくもなります。

ただし、これは完全な禁じ手です。今後も投資を続けたいのなら絶対に乗ってはいけない話です。なぜなら、**金融機関に対して「2000万円の残債を1600万円にしてほしい」ということは、いわゆる「債務整理」と同じ扱いになるからです。**

経緯はどうあれ、結果的には「任意売却」という形での売買となり、**個人信用情報（47ページの第2章3項を参照）に事故履歴が登録されてしまいます。**つまり今後、**金融機**

関から新規融資を受けることはできなくなるのです。

彼らの正体はおそらく「物上《ぶつあ》げ業者」です（第7章4項で後述します）。相場よりかなり安い価格で売らせるわけですから、買い主となる不動産会社も喜んで購入していくわけです。

前ページの業者とお客様とのやりとりは、実は私が出会ったお客様の実例です。自分の知らないところで信用情報が傷ついてしまった不幸な事例です。

新規購入に際して融資の打診をしたところ、金融機関の担当から「事故履歴がありますね」との回答。ご本人には延滞などの記憶もまったくないとのことで調べたところ、収益区分を売却した時期と事故履歴の掲載時期が一致して、判明したというわけです。

怖いのは、その時点までご本人にも「任意売却をした」自覚がなかったことです。もう少し早くご相談を受けていれば……と悔やんだ案件でした。

あえて苦い例も出しましたが、本来不動産の売却は、次のステップに進むための大切なターニングポイントです。金額や条件などで満足のいくよう進めていくのはもちろんのこと、売却の経緯や事情、気持ちまでもきちんと汲み取ってくれるパートナーに任せていただきたいと思います。

あえて申し上げるなら、**「想いの共有できる不動産会社」こそ最良のパートナー**です。

みなさんがそんな会社に出会って、質の高い売買ができるよう祈っています。

3 売った物件が高値で転売されていたら？

～賢い売り主のメンタリティ～

希望金額で売れれば「よし」としよう

長く不動産売買の世界に身を置いていて、常に感じてきたことがあります。

それは、お客様からの「高く買わされているんじゃないか」「損をさせられているんじゃないか」という心の声です。いや、ストレートに言われることもしばしばです。

不動産というのは大変高額な買い物です。個人で購入する単体の商品としては群を抜いて高いものです。したがって、どうしてもお客様が疑心暗鬼、被害妄想に陥ってしまう傾向があります。その心情は大変よく理解できますし、そう思わせる土壌を作ってしまった責任の一端は私たちの業界にもあるでしょう。どうも不動産業者が一人勝ちしているというイメージが先行してしまうのです。

次のような例で考えてみましょう。

Ａさんは自分の物件を２０００万円で売りたいと考えています。その情報を公開して待っていたところ、不動産会社のＢ社が「２０００万円で買います」と買い付けを入れてきました。Ａさんは希望通りの金額なので喜んで売却に応じました。

ただ、後になってＢ社が「２２００万円で買いたい」と言うお客さんに転売したことを知りました。２００万円も儲けが出ているじゃないか、とＡさんは激高します。Ａさんは周囲に「Ｂ社にだまされた。２２００万円で売れたかもしれないのに……」と愚痴を言っているそうです。

読者のみなさんは、この事例をどうお考えになりますか？

私は、Ｂ社は非常にまっとうな仕事をした、と評価します。Ｂ社が「２２００万円で買う」お客様を持っていたのは、Ｂ社の企業努力によるものです。それまでにさまざまなコストや労力がかかっているはずです。

一方、Ａさんは指値もなく希望通りの価格２０００万円で売れたのですから、満足のいく取引だったとすべきでしょう。仮に、Ａさんに１８００万円の残債があり、それを知っているにもかかわらず、Ｂ社が強引に１８００万円まで指値交渉をしてきた、と言うのなら愚痴も然るべきです（それでも、２２００万円で転売すること自体は責められることではありませんが）。

不動産経営を行っていると、おそらく似たような場面にたくさん出くわすことになります。誰それと比べてご自身の物件の賃貸付けが遅い、他社は購入時の仲介手数料を安くしてくれるらしい、など、言い始めたらキリがありません。

いずれも先述のＡさんの例とまったく同じだと思うのです。

どの企業も販促、集客のために、日頃からコストと時間をかけて企業努力を重ねています。**何か不利益が生じたとしても、それは研鑽《けんさん》や企業努力の足りない業者を選んだご自身の判断の結果です**。また、みなさんと業者との間で取り交わされた媒介契約の業務範囲に対しては、相手に誠実な仕事を求めることができます。ただ、その後のことまで気にして業者に腹を立てたところで、それは筋違いです。

金額が大きいだけに、お気持ちは大変よくわかります。これが130円の缶コーヒーのことなら腹も立たないと思うのです。「原価は数十円のはずなのに、間に入っている流通業者の利益も乗っているんじゃないのか」といちいち目くじらを立てる方はいないでしょう。ただ、不動産だとそうはいかないのが人情というわけです。

自分以外の誰かを羨んだところで、業者に恨み節を言ったところで、みなさんにとって、一銭の得にもなりません。

自分の目的を達せられたのなら、それ以外のところで誰が儲けていても関係ありません。**業者の力不足を嘆くのならば、ご自身の判断で変えればよい**のです。こういったタイプのお客様を多く見てきた実感として、私はそう思います。

4 「高値で買いたい」というDMの意図は？

～物上げ業者の存在～

驚愕！　売却物件の〝作り方〟

「物《ぶっ》上《あ》げ業者」という言葉をご存じでしょうか（冒頭の業界関係図を参照）。物上げ業者というのは主に、区分マンションなどの売り需要を掘り起こして、売り物件を作り出す専門業者のことを指します。

具体的な流れとしては、目的とするエリアを定めたら、そのエリア内のマンション各部屋の登記簿謄本《とうほん》を取得して所有者を調べ、「このお部屋を買いたいという人がいます。売りませんか?」といった趣旨のダイレクトメール(DM)を一斉に送ります。

中にはそれを読んで「いくらくらいで売れるのかな?」と査定を申し込んでくる方がいらっしゃいます。そこで物上げ業者は査定に出向いて希望額を聞き取り、ほぼ言い値での売却を約束して「専任媒介契約」を結んでくるのです。

相場が2000万円程度の物件でも、2400万円で売りたいと言われれば、その金額でいったん引き受けます。ここでは**「売れるかどうか」ではなく、「専任媒介契約を取ること」が目的**です。

たいていの場合、物上げ業者は一般のエンドユーザーには情報を流さず、つながりのある不動産業者にだけ情報を流します。相手が懇意の業者ですし、その不動産業者自体が買い主になるため購入判断も早く、取引も非常にスムーズでコストパフォーマンスもいいわけです。売り主のために少しでも高値で売ってあげようというよりは、**必要最小限の動きで専任媒介での「両手」の仲介手数料を確保したいのが本音です。**

当然、相場が2000万円のエリアで2400万円の物件は売れません。そこで一週間くらい経つと、こう持ちかけてきます。

「２４００万円では無理ですが、２２００万円なら買いたい方がいます」と。さらに一週間後「すみません。２２００万円で買う予定だったのですが、ローン評価額が２０００万円までしか出なくて……。でも、せっかくのチャンスですし、２０００万円で決めてしまいましょう」と、買い主となる不動産業者に売れる金額まで下げてくるのです。

そのオーナーは、最初は気軽な気持ちで査定を頼み、「２４００万円でなら売ってもいいかな」と思っていたはずが、いつの間にかゴールをすり替えられてしまい、「売れるかどうか」にフォーカスさせられてしまっているのです。この流れは非常に巧妙です。おそらく、オーナー本人が気づいていない可能性すらあります。

大切なのは、ここでもみなさん自身の「目的」です。

「なぜ売却するのか」を明確にしておき、**「この金額以下では売らない」というラインをしっかり設定しておくだけ**です。ここで物上げ業者を責めるのもまた間違っています。彼らは彼らのやり方でビジネスを仕掛けているわけで、それに乗るか乗らないかの判断はみなさん自身が行うものだからです。

まとめ

❶ 買い主候補をたくさん持っている仲介会社と付き合おう

❷ 物件を売却するときは譲渡所得税分を試算しておこう

❸ 物件は自分の希望金額で売れれば「よし」としよう

❹ 「この金額以下では売らない」というラインを設定しておこう

おわりに

私が業界に入った20数年前、不動産投資はまだまだ怪しいものとされていました。お客様も当然疑ってかかっておられましたから、大半の方は自らでリスクを追究し、慎重に運用を行っておられたように思います。

そして2016年現在、市民権を得た不動産投資は大変な活況を見せています。

一方で、その活況とは裏腹に、不動産投資のリスクが簡単に見過ごされているように思えてなりません。そうした想いが本書をまとめる原動力となっています。

本書の中では、いろいろな場面に潜む「ウソ」を取り上げてきました。これは「物件の囲い込み」や「押し売りまがいの営業」と同様、業界の利益至上の姿勢が生み出してきたものです。

各場面で関わることになる販売会社、仲介会社、営業担当者の思惑にとらわれないよう、本書を通じて、みなさんにリスクや「ウソ」を見抜く力を付けていただけたら幸いです。また、お客様お一人おひとりに力を付けていただくことで、業界もいい意味で変わってくれたらと切に願っています。

私が代表を務めるコンスピリートも、そのいい変化の急先鋒となりつつ、同時にお客様に長く寄り添える管理会社でありたいと思っています。

ご相談にお越しになった方の目的や事情をお伺いし、時には「不動産投資を勧めない」こともありますが、こうした提案をすることも、これからの管理会社の在り方だと考えています。

不動産投資は人生を豊かにするための「手段」の一つです。不動産を好きになっていただく必要も、ましてや、やらなければならない義務もありません。

すべてはみなさんに委ねられています。

今後、「不動産投資を始めよう」と決められたとき、あるいはご自身の不動産の運用が行き詰まったとき、本書がヒントになってくれたら、そう思っています。そして、みなさんに寄り添う「パートナー」の候補として、コンスピリートを思い出していただけたらうれしく思います。

最後に、この書籍の出版に全力を注いでくれた、当社取締役の長谷川悠介君、編集にご協力いただいた白鳥美子様、総合法令出版の大島永理乃様、お力添えありがとうございました。

そして、いつも同じ想いで業務に当たってくれているスタッフのみなさん、ありがとうございます。

何より、これまで多くの経験の場を与えていただいたみなさま、お客様方、深く深く御礼申し上げます。

この書籍の出版が、わずかでもみなさまへの恩返しとなっておりましたら幸いです。

村上幸生

＊本書の内容は２０１６年６月現在の事実をもとに制作しています。利率等の情報は予告なく変更されることがあります。
＊本書の情報については細心の注意を払っておりますが、正確性や完全性等について一切保証するものではありません。個別情報の詳細については、各機関等に直接お問い合わせください。
＊本書に記載した情報や意見によって読者に発生した損害や損失については、著者、発行者、発行所は一切責任を負いません。投資における最終決定はご自身の判断で行ってください。

村上幸生　（むらかみ ゆきお）

株式会社 Con Spirito（コンスピリート）代表。
宅地建物取引士、賃貸不動産経営管理士。
1972 年 3 月生まれ、東京都三宅島出身。

金融機関で不動産担保ローンの担当を 3 年間経たのち、大手デベロッパーにてマンション投資の営業職・管理職を 3 年間経験。その後不動産投資会社の創立メンバーとして誘いを受け、役員に就任。賃貸管理・開発・売買・融資・ISO27001 取得等、広範にわたる業務を 10 年間役員として統括する。
3 名でスタートした会社が急拡大し、従業員数 100 名を超えた頃、売上のみに傾倒していく会社に疑問を感じて独立。2007 年 11 月に不動産管理を核とする、株式会社 Con Spirito（コンスピリート）を設立。
不動産経営全般をワンストップで担うべく、仕入れから売買、管理、工事、資産管理までを自社で行える体制を構築。2016 年 7 月現在、75 棟、1600 室を超える物件を管理している。「真にお客様と共に歩く」をモットーに、「押し売り・勧誘をしない、嘘はつかない、リスクの開示を避けない」を徹底している。
2016 年をもって、Con Spirito は創立 10 期目を迎える。

◆ Con Spirito（コンスピリート）ホームページ
http://www.c-sp.jp/

不動産投資リスク大全

2016年8月2日　初版発行

著　者　村上幸生
発行者　野村直克
発行所　総合法令出版株式会社
〒103-0001　東京都中央区日本橋小伝馬町15-18
ユニゾ小伝馬町ビル9階
電話 03-5623-5121（代）

印刷・製本　中央精版印刷株式会社

落丁・乱丁本はお取替えいたします。

ISBN 978-4-86280-512-6

総合法令出版ホームページ　http://www.horei.com/